713

GCSE
Eduqas German

Chris Whittaker and
Bethan McHugh

Crown House Publishing
www.crownhouse.co.uk

Endorsed by

eduqas
Part of WJEC

First published by
Crown House Publishing Ltd
Crown Buildings, Bancyfelin, Carmarthen, Wales, SA33 5ND, UK
www.crownhouse.co.uk
and
Crown House Publishing Company LLC
PO Box 2223
Williston, VT 05495
www.crownhousepublishing.com

British Library of Cataloguing-in-Publication Data

A catalogue entry for this book is available from the British Library.

An extension of this page is on p. 238.
Print ISBN 978-178583091-4
LCCN 2016947875
Printed and bound in the UK by
Gomer Press, Llandysul, Ceredigion

CONTENTS

CURRENT AND FUTURE STUDY AND EMPLOYMENT

INTRODUCING EDUQAS GCSE GERMAN

Eduqas GCSE German is divided into three main themes. Each theme has three sub-themes which are divided into two modules each.

This makes a total of eighteen modules to be studied during the course. The book is divided up in the same way.

IDENTITY AND CULTURE	LOCAL, NATIONAL, INTERNATIONAL AND GLOBAL AREAS OF INTEREST	CURRENT AND FUTURE STUDY AND EMPLOYMENT
YOUTH CULTURE • Self and relationships • Technology and social media	**HOME AND LOCALITY** • Local areas of interest • Transport	**CURRENT STUDY** • School/college life • School/college studies
LIFESTYLE • Health and fitness • Entertainment and leisure	**GERMANY AND GERMAN-SPEAKING COUNTRIES** • Local and regional features and characteristics • Holidays and tourism	**WORLD OF WORK** • Work experience and part-time jobs • Skills and personal qualities
CUSTOMS AND TRADITIONS • Food and drink • Festivals and celebrations	**GLOBAL SUSTAINABILITY** • Environment • Social issues	**JOBS AND FUTURE PLANS** • Applying for work/study • Career plans

The exam is divided up equally across the four skill areas: READING, LISTENING, SPEAKING and WRITING. Each exam is worth 25%.

In the READING exam you will have to:

- answer different style questions
- answer three questions in German
- answer two questions on literary texts
- translate into English

In the LISTENING exam you will have to:

- answer different style questions
- answer two questions in German

In the SPEAKING exam you will have to prepare the following:

- role play
- photo card
- conversation on two themes

In the WRITING exam you will have to:

• write in different styles about all three themes
• translate into German

THROUGHOUT THE BOOK YOU WILL SEE THE FOLLOWING ICONS:

READING

The textbook contains plenty of reading exercises on all the topics that might come up in the exam. Some have questions in English, some in German, some require non-verbal responses (like a letter or number) and others require a short written answer. There is also a literary text and a translation into English in every module. All of the questions are similar in style to ones that might come up in the exam.

LISTENING

There are lots of listening exercises on all of the topics with a mix of question styles which are similar to the ones in the exam.

SPEAKING

There are three tasks in the speaking exam. Every module contains a photo card with practice questions, a set of role-play prompts for you to prepare and a set of suggested conversation questions.

WRITING

Every module contains carefully structured tasks that are similar in demand to the writing exam. There is also a translation into German in every module.

EXTRA

Some exercises have an extra section to offer you additional language practice or some more challenging questions.

GRAMMAR

Grammar is a really important part of the GCSE exam. Grammar boxes outline all the grammar points that you need learn. There is also a 'grammar in context' section at the end of every sub-theme (two modules) with practice exercises, as well as a grammar glossary with verb tables at the back of the book.

Throughout the book we highlight key words, phrases or things you need to know or practise.

At the end of every module there is a list of useful vocabulary which is based on the Eduqas GCSE specification.

THEME: IDENTITY AND CULTURE

UNIT 1

YOUTH CULTURE

1A SELF AND RELATIONSHIPS (1)

Lies diese Probleme und wähle die richtige Person für jeden Satz.

Oskar: Meine Eltern sind geschieden. In der Woche wohne ich bei meiner Mutter. Am Wochenende wohne ich bei meinem Vater und meiner Stiefmutter.

Lara: Meine beste Freundin wohnt jetzt in Berlin. Das ist weit weg von mir und ich vermisse sie. Ich finde es schwer neue Freunde zu finden.

Jens: Mein Bruder und meine Schwester gehen mir auf die Nerven. Sie kommen immer in mein Schlafzimmer und meine Schwester hat sogar mein Tagebuch gelesen.

Katja: In der Schule gibt es viel Druck gut auszusehen. Es ist teuer Markenkleidung zu kaufen.

1. Ich suche neue Freunde.
2. Meine Geschwister sind nervig.
3. Ich brauche mehr Geld für Kleidung.
4. Es ist wichtig immer modisch zu sein.
5. Mein Vater und meine Mutter wohnen nicht zusammen.
6. Keiner hat Respekt für mein Privatleben.

Possessive adjectives show ownership e.g. *my*, *his*. To use the correct possessive adjective you need to know:

1. Which one is needed e.g. **mein/dein/sein**.
2. What gender the noun is e.g. **meine Schwester** ist .../**mein Bruder** ist ...
3. The case your noun is going to be in (see pages 211–214 for more information).

* mein – my
* dein – your (informal)
* sein – his/its
* ihr – her/its
* unser – our

See page 211 for a full list.

Read the following article from a German magazine and answer the questions in English.

Was sind gute Freunde?

Mit guten Freunden teilen wir unsere Interessen, unser Leben und unsere Probleme. Familienmitglieder können wir uns nicht aussuchen, in eine Familie werden wir hineingeboren. In Zeiten der virtuellen Kommunikation via Social Media-Seiten kann jeder mit jedem ständig in Kontakt sein. Wir wollten wissen: Was ist eine gute Freundschaft? Was sind wahre Freunde?

Hier sind einige Antworten:

* Mit guten Freunden kann man über alles reden.
* Wir lachen zusammen.
* Sie motivieren und unterstützen mich.
* Sie sind immer für mich da.
* Sie akzeptieren mich, wie ich bin.

Wer ist nur ein „Facebook-Freund"? Es geht nicht darum, so viele Freunde wie möglich zu haben – Qualität ist wichtiger als Quantität. Laut einer Studie hat jeder Mensch höchstens drei wirklich gute Freunde.

1. What does the article say we share with friends? Give **two** details.
2. What point does the article make about the difference between family and friends?
3. What does social media allow us to do?
4. Give **three** definitions of a good friend listed in the article.
5. What were the results of the study about friendship?

Translate the underlined sentences into English.

READING

Translate the sentences into English.
1. Gute Freunde sind treu, lustig und hilfsbereit.
2. Meine Freunde sind immer für mich da.
3. Mein Bruder geht mir auf die Nerven.
4. Hast du viele Freunde?

LISTENING

Listen to the conversation between Christian and Sofia. Which six sentences are correct?
1. Sofia's parents are worried about the party.
2. Christian is getting the bus to the party.
3. Sofia has strict parents.
4. You're allowed to take beer and wine to the party.
5. Sofia isn't allowed to travel by bus on her own when it's late.
6. Stefan's parents are going to the cinema on Friday night.
7. The party begins at 11 p.m.
8. There is a party on Friday.
9. Christian is going by car to the party.
10. Alcohol is not allowed at the party.

EXTRA

Can you find out how they say the following:
1. My parents are so annoying.
2. That would be great.

GRAMMAR

The present tense is used to describe something that's happening now e.g. Ich lerne Deutsch or something that happens regularly e.g. Ich gehe jeden Samstag ins Kino.

Regular verbs follow the same pattern. Take the **-en** off the infinitive (e.g. wohnen – wohn) and add the following endings:

- ich wohne
- du wohnst
- er/sie/es/man wohnt
- wir wohnen
- ihr wohnt
- Sie wohnen
- sie wohnen

WRITING

Schreibe einen Satz für jedes Thema.
- Deine Familie
- Deine Freunde
- Dein Aussehen
- Dein Charakter

EXTRA

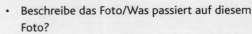

Erkläre, warum Freunde wichtig sind.

SPEAKING

Photo card
- Beschreibe das Foto/Was passiert auf diesem Foto?
- Was sind gute Freunde?
- „Freunde sind wichtiger als Familie." Was sagst du dazu?
- Was wirst du nächsten Samstag mit deinen Freunden machen?
- Braucht man viele Freunde?

In German the present tense can also be used to talk about events in the future. It needs to be clear that you are talking about the future – usually a time phrase will indicate this.

- Ich gehe nächste Woche auf die Party.
- Wir gehen nächsten Samstag ins Kino.

1A SELF AND RELATIONSHIPS (2)

Read the following statistics. What are they about?

- In Deutschland darf man mit 18 heiraten (mit 16 wenn die Famile es erlaubt).
- 34 Prozent der Jugendlichen in Deutschland möchten in der Zukunft heiraten.
- Fast jede zweite Ehe wird geschieden – eine deutsche Ehe hält im Durchschnitt 14 Jahre.
- Die Geburtenrate in Deutschland ist sehr niedrig im Vergleich mit anderen europäischen Ländern.

Are the following statements true, false or not mentioned in the text?

1. You can get married at 16 if you have your parents' permission.
2. More than half of young people plan to get married in the future.
3. Two-thirds of marriages in Germany end in divorce.
4. 34% of young people would like to have children in the future.
5. The average marriage in Germany lasts for 14 years.
6. The birth rate in Germany is very low.

EXTRA

Translate the four statements into English.

GRAMMAR

Modal verbs are usually used with a second verb (infinitive) at the end of the sentence:

- dürfen – to be allowed to
- können – to be able to
- müssen – to have to (must)
- wollen – to want to
- sollen – to be supposed to
- mögen – to like to
- Man darf mit 18 heiraten.
- Mein Bruder kann Auto fahren.
- Ich muss meine Tante besuchen.

See page 219 for more information.

Read this extract from „Meine Clique und ich" by Ilona Einwohlt. Answer the questions in English.

„Das Beste an der Clique ist, dass sie alle so cool sind", findet Julia. Sie meint die Gruppe Mädchen und Jungen, die im Schülercafé sitzen.

„Und dass sie sich diese modischen Klamotten, die echt teuer sind, leisten können", sage ich mit einem neidischen Blick.

Ich sehe meine allerbeste Freundin an. Kleo ist wie immer in Schwarz und Schwarz gekleidet. In der Pause stehen Kleo, Julia, Milli und ich zusammen. Wir kennen uns aus der Grundschule und sind auch eine Clique – nur nicht so cool wie die Gruppe in der Ecke! Wir tragen alle normale Kleidung – keine Jeans und T-Shirts mit den „richtigen" Namen.

1. What does Julia say about the group sat in the cafe?
2. Why is the author jealous of them?
3. How does she describe Kleo? Give **two** details.
4. What is different about the clothes her friends wear?

GRAMMAR

Two very important irregular verbs are **haben** and **sein** – these are often used and need to be learnt. See page 215 for the full table.

ich habe	I have
du hast	you have
er/sie hat	he/she has
wir haben	we have
ich bin	I am
du bist	you are
er/sie ist	he/she is
wir sind	we are

LISTENING

Höre dir diesen Radiobericht an. Worum geht es hier? Fülle die Lücken aus.

1. Laut der Studie sind Freunde und Famile _____.
2. Die Mehrheit der Kinder finden _____ nicht wichtig.
3. _____ 80 Prozent der Kinder finden Freundschaft „total wichtig".
4. An einem _____ Tag verbringen Mütter fünf Stunden mit ihren Kindern.
5. Die Väter _____ mehr Zeit mit ihren Kindern verbringen.
6. Die meisten Kinder sind mit der Menge der Familienzeit _____.

Geld	weniger als	Liebe	normalen	Freundschaft
wollen	nicht	Untypischen	mehr als	
glücklich	wichtig	unglücklich	das Wichtigste	

SPEAKING

Role play
- dein Lieblingssänger – **zwei** Details
- Freunde – dein Verhältnis
- du – gestern – mit Freunden
- ? Familie
- ? Mode
- du – Kleidung – Party – morgen

Beantworte die Fragen. Schreibe mindestens einen Satz pro Frage.

WRITING

1. Beschreibe deinen idealen Partner/deine ideale Partnerin.
2. Was machst du normalerweise mit Freunden am Wochenende?
3. Möchtest du in der Zukunft Kinder haben/heiraten? Warum (nicht)?

EXTRA

Wie wichtig ist Ehe für junge Leute? Warum sagst du das?

Ich möchte is a useful phrase meaning 'I would like to …' It usually needs an infinitive at the end of the sentence.

- Ich möchte mit 21 heiraten.
- Ich möchte in der Zukunft Kinder haben.

1A SELF AND RELATIONSHIPS (3)

Read what Peter and Lotte say about fashion.

Mode ist sehr wichtig für deutsche Teenager. In der Schule ist es wichtig die neueste Markenkleidung zu tragen. Es gibt viel Gruppenzwang, modisch zu sein. Meiner Meinung nach sehen sie dann alle gleich aus. Ich trage, was ich will. Es ist mir egal, ob es „in" ist!

PETER

Ich kaufe gern modische Kleidung und gehe so oft wie möglich mit meinen Freunden ins Einkaufszentrum. Es ist mir wichtig gut auszusehen, obwohl ich niemanden wegen seiner Kleidung kritisieren würde. Ich fühle mich einfach besser, wenn ich gut aussehe.

LOTTE

Who says what – Peter or Lotte?

1. I wear what I want.
2. I feel better when I look good.
3. Fashion is very important for young people in Germany.
4. There is a lot of peer pressure to look good.
5. I enjoy shopping for clothes.
6. It's important to me to look good.
7. Lots of young people look the same.
8. I wouldn't criticise others because of how they dress.

Listen to the interview with Jana Beller. Make notes in English under the following headings.

Section A
1. Her nationality
2. Her age
3. Her future plans

Section B
4. Her beauty routine
5. Her favourite clothes

Find the German for:
1. fashion is important
2. branded clothing
3. peer pressure
4. to criticise

• Her opinion about fashion in Germany

Learn these useful question words:

• wann – when
• was – what
• wo – where
• warum – why
• wie – how
• wer – who

See page 223 for more information.

Translate the sentences into German.
1. Fashionable clothes are important for young people.
2. I go shopping every Saturday with my friends.
3. German teenagers are spending more time online.
4. I wear branded clothing to school.

Lies den Artikel. Beantworte die Fragen auf Deutsch.

Die richtige „Package" aus Körper und Stimme.
Wie groß ist der Einfluss der Celebrity-Kultur auf junge Leute? Jugendliche sind immer länger online und werden beeinflusst von Werbeclips, Musikvideos und Computerspielen. Im Fernsehen gibt es immer mehr sogenannte Casting-Shows wie „Deutschland sucht den Superstar", wo wir immer die selbe Routine sehen. 35 000 junge Menschen versuchen jedes Jahr 500 000 Euro und ein neues Auto zu gewinnen. Die Preise sind nicht so wichtig wie die Chance ein neues Leben zu beginnen.

Du musst:

- alles geben
- gut singen
- wunderschön aussehen.

Talent allein ist nicht immer genug. Es hilft, wenn man eine „interessante" Geschichte hat. Die Fans wollen Emotionen sehen. Es gibt natürlich viele Tränen. Die „Superstars" weinen, egal ob es gut oder schlecht lief. Beim Finale fließen manchmal genug Tränen, um ein Schwimmbad zu füllen. Am Ende des Prozesses kann nur einer gewinnen, aber was passiert dann? Wir vergessen schnell die Gewinner. Weisst du noch, wer letztes Jahr gewonnen hat?

1. Welchen Einfluss hat das auf junge Leute? Gib **zwei** Details an.
2. Was kann man gewinnen? Gib **zwei** Details an.
3. Was ist wichtiger als diese Preise?
4. Was sehen die Fans gern?

Translate the underlined sections into English.

Translate the two questions from the text into English.

Zu + infinitive
Sometimes an extra word **zu** is needed in the sentence with an infinitive. Some useful verbs which need this are:

- hoffen – to hope
- vesprechen – to promise
- Lust haben – to fancy
- Ich hoffe, ein Auto zu gewinnen – I hope to win a car
- Ich verspreche, alles zu geben – I promise to give everything

Conversation
1. Was trägst du normalerweise in der Schule?
2. Wie wichtig ist Mode? Warum sagst du das?
3. Was für Kleidung trägst du am liebsten?
4. Wer ist dein Lieblingsstar? Warum?
5. Was wirst du am Samstag tragen?
6. Gibst du viel Geld für Kleidung aus? Warum (nicht)?

The future tense is easily formed by using **werden + an infinitive** (at the end of the sentence):

- Ich **werde** am Samstag neue Kleidung **kaufen**.
- Ich **werde** Jeans und ein T-shirt **tragen**.

See page 218 for more details.

Some verbs in German are reflexive and need a reflexive pronoun:

- Ich fühle mich …
- Er fühlt sich …
- Wir interessieren uns …
- Kannst du dich vorstellen?

See page 216 for more information.

1A SELF AND RELATIONSHIPS VOCABULARY GLOSSARY

das Baby (-s)	baby
der Bruder (¨)	brother
der Cousin (-s)	cousin (male)
die Cousine (-n)	cousin (female)
das Einzelkind (-er)	only child
Eltern (pl.)	parents
der/die Erwachsene (-n)	adult
die Familie (-n)	family
die Frau (-en)	woman
das Fräulein	young woman, Miss, Ms
Geschwister (pl.)	brothers and sisters
die Großmutter (¨)	grandmother
der Großvater (¨)	grandfather
der Halbbruder (¨)	half-brother
die Halbschwester (-n)	half-sister
das Kind (-er)	child
die Kusine (-n)	cousin (female)
der Mann (¨er)	man
die Mutter (Mutti) (¨)	mother (mum)
der Neffe (-n)	nephew
die Nichte (-n)	niece
die Oma (-s)	grandma
der Onkel (-)	uncle
der Opa (-s)	grandpa
die Schwiegermutter (¨)	mother-in-law
der Schwiegersohn (¨e)	son-in-law
die Schwiegertochter (¨)	daughter-in-law
der Schwiegervater (¨)	father-in-law
das Stiefkind (-er)	stepchild
die Stiefmutter (¨)	stepmother
der Stiefsohn (¨e)	stepson
die Stieftochter (¨)	stepdaughter

der Stiefvater (¨)	stepfather
die Tochter (¨)	daughter
der Vater (¨)	father
verwandt (mit)	related (to)
der/die Verwandte (-n)	relative, relation
der Vetter (-n)	cousin (male)
Zwillinge (pl.)	twins
auskommen (mit)	to get on with
befreundet sein mit	to be friends with
begrüßen	to greet
bekannt	known, acquainted
der Bekannte (-n)	acquaintance (person)
die Bekanntschaft (-en)	acquaintance (relationship)
besprechen	to discuss
dürfen	to be allowed to
sich einig sein	agreed
eng	close
erlauben	to allow
die Erlaubnis (-se)	permission
der Erwachsene (-n)	adult
die Freundschaft (-en)	friendship
gern haben	to like
geschieden	divorced, separated
Geschwister (pl.)	brothers and sisters
der Gruß (¨e)	greeting
hassen	to hate
heiraten	to marry
helfen	to help
kennenlernen	to get to know, meet
lieb (-er,-e)	dear
die Liebe	love
lieben	to love
mögen	to like
das Paar	couple
recht haben	to be right
unfair	unfair
verbieten	to forbid
das Verhältnis (-se)	relationship
verheiratet	married

verlobt	engaged
das Verständnis	understanding, sympathy
verständnisvoll	understanding, sympathetic
verstehen	to understand
verstehen (sich ... mit)	to get on with
verwandt sein (mit)	related to
der/die Verwandte (-n)	relative, relation
wollen	to want to

anprobieren	to try on
der Anzug (¨e)	suit
das Armband (¨er)	bracelet
der Badeanzug (¨e)	swim suit
billig	cheap
blau	blue
die Bluse (-n)	blouse
eng	narrow, tight
formell	formal
gelb	yellow
gestreift	striped
groß	big
die Größe (-n)	size
grün	green
der Gürtel (-)	belt
die Halskette (-n)	necklace
der Handschuh (-e)	glove
die Handtasche (-n)	handbag
das Hemd (-en)	shirt
die Hose (-n)	trousers
der Hut (¨te)	hat
die Jacke (-n)	jacket
kariert	checked
das Kleid (-er)	dress
die Kleidung	clothing

klein	small
konventionell	conventional
die Krawatte (-n)	tie
kurz	short
der Lippenstift (-e)	lipstick
das Make-up	make-up
der Mantel (¨)	coat
die Mode (-n)	fashion
das Modegeschäft (-e)	fashion shop, boutique
modisch	fashionable
die Mütze (-n)	cap
der Nasenring (-e)	nose stud/ring
der Ohrring (-e)	earring
passen	to fit, suit
das Piercing (-s)	piercing
der Pullover (-)	pullover
der Regenmantel (¨)	rain coat
der Rock (¨e)	skirt
rot	red
die Sandale (-n)	sandal
der Schal (-e/s)	scarf
schick	stylish, chic
der Schlips (-e)	tie
der Schmuck	jewellery
der Schuh (-e)	shoe
schwarz	black
die Shorts	shorts
die Socke (-n)	sock
der Sportschuh (-e)	trainer
der Stiefel (-)	boot
die Strumpfhose	tights
die Tasche (-n)	bag, pocket
die Tätowierung (-en)	tattoo
teuer	expensive
tragen	to wear
das T-Shirt (-s)	T-shirt
die Umkleidekabine (-n)	changing room
weiß	white
zahlen	to pay

1B TECHNOLOGY AND SOCIAL MEDIA (1)

Read the following statements. Copy and complete the table.

Andreas: Mit meinem Handy kann ich überall Musik hören.

Freya: Ich lade jeden Tag Fotos hoch. Meine Freunde können dann sehen, was ich mache.

Mehmet: Am liebsten spiele ich Computerspiele – entweder allein oder manchmal mit meiner Schwester.

Anna: Ich habe einen Computer in meinem Schlafzimmer. Das ist sehr nützlich, wenn ich Hausaufgaben mache.

Markus: Ohne Handy könnte ich nicht leben. Ich bin immer in Kontakt mit meinen Freunden.

Luisa: Ich habe keine Zeit für Computerspiele, weil ich viele Schularbeit habe. Ich arbeite täglich am Computer.

	GAMES	HOMEWORK	FRIENDS	MUSIC
ANDREAS				
FREYA				
MEHMET				
ANNA				
MARKUS				
LUISA				

Improving sentences
Include more detail wherever possible such as time phrases or adverbs of frequency:

- oft – often
- manchmal – sometimes
- nie – never
- immer – always
- jeden Tag – every day
- täglich – daily
- montags – on Mondays
- am Montag – on Monday

Asking questions
Question words are used at the start of a sentence to form questions:

- Was ist Cybermobbing?
- Wofür benutzt du dein Handy?

See page 223.

Questions can also be formed using verb inversion to change a statement into a question:

- Du hast ein Handy – You have got a mobile phone
- Hast du ein Handy? – Have you got a mobile phone?

READING

Lies den Artikel und verbinde die Satzteile.

Cybermobbing in Deutschland

Mobbing bekommt über das Internet eine neue Dimension. Es gab eine Cybermobbing-Studie mit 9350 Schülern, Eltern und Leheren.

Was ist Cybermobbing?

Immer öfter werden zum Mobben internetfähige Handys benutzt, die laut der Studie zwei Drittel aller Schüler besitzen. Zu Cybermobbing gehören Beschimpfungen und üble Gerüchte, die Mitschüler im Internet verbreiten. Peinliche Fotos und Filme werden oft weit verbreitet – vor allem über soziale Netzwerke.

Bei den Opfern bringt das oft Probleme mit sich wie:

* Konzentrationsprobleme
* schlechte Noten in der Schule
* Kopf- und Magenschmerzen
* Angst

Wie groß ist das Problem?

Jeder sechste Schüler in Deutschland hatte schon einmal ein Problem mit Mobbing im Internet. Das Problem ist am schlimmsten in der Gruppe in der 14- bis 16 Jährigen, aber es beginnt schon in der Grundschule.

Was kann man dagegen machen?

Schulen nehmen das Problem ernst und erklären allgemeine Tipps für sicheres Surfen im Netz. Eltern sollten die Internetnutzung ihrer Kinder kontrollieren, aber viele verstehen die Technologie nicht.

1. Es gab eine Studie
2. Mehr als 50 Prozent aller Schüler
3. Opfer finden es oft
4. Opfer haben oft
5. Cybermobbing ist ein Problem
6. Lehrer erklären,

a. schwer sich zu konzentrieren.
b. Gesundheitsprobleme wegen Cybermobbing.
c. von fast 10 000 Leuten.
d. für junge und ältere Kinder.
e. haben ein Handy mit Internetanschluss.
f. wie man sicher im Internet surfen kann.

LISTENING

Listen to the advert and complete the sentences in English.

1. The advert is for …
2. It is closed on …
3. The opening times are …
4. They promise to …

WRITING

Schreibe eine Werbung für ein Handygeschäft.

Du kannst weitere Information geben, aber du musst Informationen zu den folgenden Themen schreiben:

* Wann es geöffnet ist
* Was man kaufen kann
* Wo es ist

EXTRA

* Warum das Geschäft so gut ist

SPEAKING

Photo card

* Beschreibe das Foto/Was passiert auf diesem Foto?
* Ist Technologie wichtig in deinem Leben? Warum (nicht)?
* „Cybermobbing ist ein großes Problem." Was sagst du dazu?
* Wofür hast du neulich Technologie benutzt?
* Wofür benutzt du Social-Media-Seiten?

1B TECHNOLOGY AND SOCIAL MEDIA (2)

See page 224 for more conjunctions which do this.

READING

Read this extract from „Ich hab schon über 500 Freunde!" by Armin Kaster. Answer the questions in English.

„Wenigstens haben wir jetzt Internet", sagte Alina. Vor sechs Tagen war sie mit ihrer Familie nach Hamburg gezogen. Überall in der Wohnung standen Kartons. Es war Chaos. Ihre Mutter schüttelte den Kopf „Wir haben eine neue Wohnung und du denkst nur ans Internet." Ihr Bruder Ben sagte, „Dann kann ich mal posten, dass ich einen neuen Sportklub gefunden habe." Alina verstand nicht, warum ihr Bruder alles bei Facebook posten musste.

„Ich finde es hier langweilig", sagte Alina. „Zu Hause hatten wir wenigstens Freunde und alles."

Ben lächelte „Ich habe immer noch Freunde. Seit Freitag sogar 15 mehr."

„Na toll!" sagte Alina genervt. „Bei Facebook. Sind sie echte Freunde?"

1. What is Alina pleased about?
2. What have the family recently done?
3. How does the mother react to Alina's comment?
4. What doesn't Alina understand about her brother?
5. Why is Alina unhappy?
6. What does Alina say about Ben's new friends?

READING

Read this fact file about the German Vlogger Dagi Bee and answer the questions in English.

Name: Dagi Bee (Ich heiße mit vollem Vornamen Dagmara Nicole!)

Wohnort: Ich wohne jetzt in Köln – eine hübsche und lebendige Stadt

Sprache(n): Deutsch

Social Media-Seiten: YouTube Kanal – mehr als 2 Millionen Abonnenten und 282 Videos
Instagram – 2,9 Millionen Abonnenten
Ich liebe meine Fans – die sogenannten „Bienchen"
Ich poste Fotos und Videos. Ich zeige meine besten Beauty-Tricks und Mode-Tipps

GRAMMAR

Some conjunctions like **weil** (because) change the word order in German. It's a 'verb scarer' i.e. it scares the verb to the end of the sentence. See page 224 for more conjunctions which do this.

- Ich esse und trinke keine Milchprodukte. Ich habe eine Laktose-Intoleranz.
- Ich esse und trinke keine Milchprodukte, **weil** ich eine Laktose-Intoleranz **habe**.

Geschwister: Meine kleine Schwester heißt Lena und ist 9 Jahre alt

Meine Sucht: Ich kann ohne mein Handy nicht leben – Ich verbringe jeden Tag ungefähr acht Stunden am Handy!

Was mir nicht gefällt: Ich hasse Winter – Eis und Schnee gehen mir auf die Nerven! Ich trage lieber Sommerkleidung und liege gern in der Sonne

Diät: Ich esse gar nicht gesund. Ich esse viel Fast-Food und Süßigkeiten. Ich esse und trinke keine Milchprodukte, weil ich eine Laktose-Intoleranz habe

1. Does she like where she lives?
2. Give **three** details about her social media presence.
3. Give **one** detail about her family.
4. What is her 'addiction'?
5. Give **two** reasons why she hates winter.
6. Why does she think her diet isn't healthy?
7. What doesn't she eat/drink? Why?

EXTRA

Write a version of this fact file for a celebrity of your choice.

Höre dir diesen Bericht an. Wähle die richtige Antwort.

Section A

1. Die Studie war in …
   a. Deutschland
   b. Italien
   c. Europa
2. Fast 10% der … in Deutschland benutzen das Internet zu intensiv
   a. jungen Leute
   b. Eltern
   c. Erwachsenen
3. … der Jugendlichen in Deutschland ist internetsüchtig
   a. 10%
   b. 1%
   c. 9%

Section B

4. Fast jeder geht mehrmals … ins Internet
   a. am Tag
   b. jede Stunde
   c. pro Woche
5. Man kann auf Social Media-Seiten Kommentare …
   a. übersetzen
   b. ignorieren
   c. lesen
6. Internetsüchtige Kinder haben oft Probleme …
   a. mit Freunden
   b. zu Hause
   c. mit Schularbeit

WRITING

Schreibe einen Artikel für eine Schülerzeitung.

Du kannst weitere Informationen angeben, aber du **musst** Informationen zu den folgenden Themen schreiben:

- Wie du Social Media-Seiten benutzt
- Deine Meinung über Social Media-Seiten
- Wie du Technologie im Alltag benutzt

EXTRA

- Die Vor- und Nachteile der Social-Media-Seiten

SPEAKING

Role play

- Lieblingswebseite (**zwei** Details)
- ? Internet
- dein Handy – Meinung
- du – gestern – mit dem Handy
- ? Computer
- du – Technologie – nächste Woche

Um … zu … clauses

This is a really useful structure in German. It means 'in order to' (although we often miss that out in English).

- I use the Internet (in order) to buy computer games.
- Ich benutze das Internet, **um** Computerspiele **zu** kaufen.

See page 220 for more details.

READING

Translate the sentences into English.

1. Technologie ist sehr wichtig in meinem Leben.
2. Meine Schwester lädt jeden Tag Fotos hoch.
3. Ich spiele gern Computerspiele mit meinen Freunden.
4. Ich möchte ein neues Handy.

1B TECHNOLOGY AND SOCIAL MEDIA (3)

Verbinde diese Satzteile über das Leben im Jahr 2050.

1. Das Leben für die Menschen wird ...
2. Autos der Zukunft werden ...
3. Die Energie der Zukunft wird ...
4. Die Intelligenz von Robotern und Maschinen wird ...
5. Jeder Haushalt wird ...
6. Schweiß-Sensoren in einem Armband werden ...

a. keinen Fahrer brauchen
b. steigen
c. Gesundheitsdaten sammeln
d. einfacher sein
e. einen 3D-Drucker haben
f. sauber und sicher sein

Translate the sentences into English.

Remember to form the future tense you need to use the correct form of **werden + an infinitive**.

Although German can use the present tense with a time phrase to talk about an event in the future, it's important to be able to form the future tense using **werden**.

ich werde
du wirst
er/sie/es/man wird
wir werden
ihr werdet
Sie werden
sie werden
Ich werde ein neues Handy kaufen.
Meine Schwester wird Informatik studieren.

Read the article. Answer the questions in English.

Die digitale Revolution geht immer schneller voran. Was für Science-Fiction-Technik wird in der Zukunft Realität sein?

1. Die Roboter kommen
Wir haben schon Roboter im Alltag, zum Beispiel, Automaten, die Schokolade oder Süßigkeiten ausgeben. Aber was bringt die Zukunft? Die Software-Qualität wird immer besser und Roboter werden immer intelligenter. Wir werden bald Roboter in jedem Haus haben. Sie werden für uns kochen, staubsaugen oder das Auto waschen.

2. Autos ohne Fahrer
Auf den Straßen von Kalifornien sind schon selbstfahrende Google-Autos unterwegs und in England hat man auch schon begonnen dies zu testen. Deutsche Autohersteller, wie VW, Mercedes und BMW, möchten sogenannte Robotaxis in Massenproduktion bringen. Sie wollen 2020 Teststrecken auf Autobahnen in Nordrhein-Westfalen und Bayern einführen. Robo-Autos brauchen kein Gehalt und können 24 Stunden pro Tag arbeiten.

1. What example of current use of robots is given?
2. Which **three** tasks at home will robots be able to perform for us?
3. What innovation is already being seen in the United States?
4. What is the situation in Germany? Give **two** details.

Which two advantages of driverless cars are mentioned in the text?

LISTENING

Listen to the report and answer the questions in English.

1. What is happening to mobile phones?
2. Which item will you not need to pack to go on holiday in the future?
3. What will replace this item?
4. How will it work?
5. What should be the impact of this?

SPEAKING

Conversation

- Arbeitest du oft am Computer?
- Ist es wichtig ein Handy zu haben? Warum (nicht)?
- Was sind die Nachteile von Technologie?
- Spielst du gern Computerspiele?
- Was für Technologie wirst du dieses Wochenende benutzen?
- Was ist deine Lieblingswebseite? Warum?

GRAMMAR

Present tense – irregular verbs

Not all verbs follow the pattern of regular verbs. Some change in the du and er/sie/es form. See page 215 for more information.

- ich fahre
- du fährst
- er fährt

- Ich sehe
- du siehst
- sie sieht

WRITING

Translate the sentences into German.

1. Technology is very important for young people.
2. I will play computer games on Sunday.
3. I use my mobile every day.
4. Social media sites have advantages and disadvantages.

Remember nouns in German have different genders:

- masculine – der
- feminine – die
- neuter – das

Pronouns are used to replace a noun.
They are often used to avoid repetition.

- My mobile is useful. I use it (my mobile) every day.
- Mein Handy ist nützlich. Ich benutze es täglich.
- I have a computer. It (my computer) is very modern.
- Ich habe einen Computer. Er ist sehr modern.

See page 213 for more information.

	NOMINATIVE	ACCUSATIVE	DATIVE
MASCULINE	Er	ihn	ihm
FEMININE	Sie	sie	ihr
NEUTER	Es	es	ihm

1B TECHNOLOGY AND SOCIAL MEDIA VOCABULARY GLOSSARY

abbrechen (eine Aktion)	to cancel (an action)
abspeichern	to save
anhängen	to attach
anschalten	to switch on
anwenden	to apply
die Anwendung (-en)	application
ausdrucken	to print out
ausschalten	to switch off
auswählen	to select
der Befehl (-e)	command
benutzen	to use
bewegen (sich)	to move
der Bildschirm (-e)	screen
blättern	to browse
chatten	to chat
der Computer (-)	computer
die Computeranlage (-n)	computer network
der Cursor	cursor
die Datei (-en)	file
drücken	to press, hit, print
der Drucker (-)	printer
eingeben	to enter
die Einstellung (-en)	setting
die E-Mail	e-mail
empfangen	receive
entfernen	to remove
erstellen	to create
das Fenster (-)	window
das Handy (-s)	mobile phone
herunterladen	to download
hochladen	to upload
individuell vornehmen	to customise

die Informatik	ICT
das Internet	Internet
der iPod/iPad (-s)	iPod/iPad
das Kennwort (¨er)	password
der Kopfhörer (-)	headphones
löschen	to delete
die Maus (Mäuse)	mouse
der Mauszeiger (-)	mouse pointer
das Menü (-s)	menu
im Netz surfen	to surf the net
die Option (-en)	option
der Ordner (-)	file
die Pfeiltaste (-n)	arrow key
das Programm (-e)	program
die Schriftgröße (-n)	font
senden	to send
simsen	to text
soziale Medien	social media
speichern	to save
die Suchmaschine (-n)	search engine
das Symbol (-e)	icon
das Tablet (-s)	tablet
die Tastatur (-en)	keyboard
die Taste (-n)	key
Text bearbeiten	to edit texts
umbenennen	to rename
die Umschalttaste (-n)	SHIFT key
vergrößern	to enlarge
verkleinern	to minimise
das Verzeichnis (-se)	directory, index
wiederherstellen	to restore
ziehen	to drag
der Zugang (¨e)	access

1A SELF AND RELATIONSHIPS

1B TECHNOLOGY AND SOCIAL MEDIA

GRAMMAR IN CONTEXT

GRAMMAR

1. PRESENT TENSE

Replace the infinitive with the correct form of the verb.

1. Ich **tragen** modische Kleidung.
2. Ich **hören** überall Musik.
3. Ich **surfen** im Internet.
4. Wir **gehen** ins Einkaufszentrum.
5. Er **schreiben** E-Mails.
6. Ich **besuchen** Chatrooms.

2. USE OF *HABEN* AND *SEIN*

Choose the correct word to complete the sentence.

1. Ich **habe/bin** einen Computer in meinem Schlafzimmer.
2. Meine Mutter **hat/ist** sehr streng.
3. Ich **bin/habe** keine Geschwister.
4. Cybermobbing **ist/hat** ein großes Problem.
5. Meine Lieblingswebseite **hat/ist** sehr lustig.
6. Technologie **hat/ist** Vor- und Nachteile.

Present tense – regular

Regular verbs follow the same pattern e.g. wohnen – to live.

You use the stem of the verb and the regular endings.

See page 214 for more details.

Present tense – irregular

These important verbs don't follow the same pattern as regular verbs.

Make sure you learn the pattern for **haben** and sein.

See page 215 for more details.

3. FUTURE TENSE

Rearrange the words to make a sentence in the future tense.

1. Computerspiele ich werde spielen.
2. Handy mein ein neues Bruder kaufen wird.
3. gehen werden wir ins Kino.
4. sie einen wird kaufen 3D-Drucker.
5. Autos der Zukunft brauchen werden keinen Fahrer.

Future tense

The future tense is formed by using werden + an infinitive (at the end of the sentence).

• *Ich werde am Samstag ins Kino gehen.*

See page 218 for more details.

4. MODAL VERBS

Fill in the gaps with the correct word – **darf**, **kann** or **muss**.

1. Ich ____ nicht auf die Party gehen.
2. Man ____ Freunden simsen.
3. Ich ____ nicht mein Handy in der Schule benutzen.
4. Man ____ erst mit 17 Auto fahren.
5. Man ____ schnell im Internet Informationen finden.
6. Ich ___ für meine kleine Schwester babysitten.

Modal verbs

These verbs are usually used with a second verb (infinitive) at the end of the sentence.

See page 219 for more details.

5. USE OF *WEIL*

Join these sentences together using **weil**.

1. Ich spiele jeden Tag Tennis. Ich bin sportlich.
2. Ich gehe oft einkaufen. Ich kaufe gern neue Kleidung.
3. Ich sehe gern Youtube Videos. Sie sind lustig.
4. Ich lade Musik herunter. Es ist billig.
5. Mein Bruder ist ärgerlich. Er spielt laute Musik.
6. Meine Eltern sind glücklich. Ich bekomme gute Noten.

Connecting sentences

Remember that weil (because) changes the word order in German. It sends the verb to the end of the sentence.

See page 224 for more details.

6. *UM ... ZU ...* CLAUSES

Match up the sentence halves.

1. Ich gehe zu McDonalds
2. Meine Schwester geht ins Sportzentrum
3. Mein Bruder macht Babysitting
4. Ich habe ein Handy
5. Wir gehen ins Einkaufszentrum
6. Ich arbeite am Computer

a. , um meinen Freunden zu simsen.
b. , um meine Hausaufgaben zu machen.
c. , um Kleidung zu kaufen.
d. , um Fast-Food zu essen.
e. , um Geld zu verdienen.
f. , um fit zu bleiben.

Um ... zu ... clauses

This structure means 'in order to' (although we often miss that out in English).

• I go to the cinema (in order) to see the latest films.

• *Ich gehe ins Kino, um die neuesten Filme zu sehen.*

See page 220 for more details.

THEME: LOCAL, NATIONAL, INTERNATIONAL AND GLOBAL AREAS OF INTEREST

UNIT 1

HOME AND LOCALITY

READING

Lies die Sätze. Verbinde die Paare.

1. Es gibt _____, wo man die neuesten Film sehen kann.
2. Es gibt _____, wo man Fußball oder Tischtennis spielen kann.
3. Es gibt _____, wo man Bilder und Skulpturen sehen kann.
4. Es gibt _____, wo man Touristeninformationen bekommen kann.
5. Es gibt _____, wo man Kaffee und Kuchen genießen kann.
6. Es gibt _____, wo man viele Sachen kaufen kann.

a. eine Kunstgalerie
b. ein Café
c. ein Kino
d. ein Einkaufszentrum
e. ein Verkehrsamt
f. ein Sportzentrum

EXTRA

Find the German for:
- pictures
- tourist information office
- to enjoy

GRAMMAR

The word **wo** is being used to make a relative clause:

- Es gibt ein Restaurant, **wo** man Fast-Food essen kann.
- There's a restaurant, where you can eat fast food.

The verb in the relative clause goes to the end of the sentence.

See page 225 for more information.

READING

Read this review of a local attraction and choose the correct answer (1–6).

sabine167 ***

Die Kunstgalerie war einen Besuch wert. Sie war einfach zu finden, lag neben dem Museum in der Stadtmitte und war in der Nähe von einigen Pubs, Restaurants und Cafés. Der Parkplatz war groß. Die Galerie war nicht zu groß, aber sie hatte viele tolle Bilder und moderne Skulpturen. Es war interessant und informativ. Der Eintritt war vierzehn Euro pro Person (kostenlos für Kinder unter 7 Jahren alt) und es gab eine Ermäßigung für Studenten.

Es gab natürlich auch ein kleines Geschäft, das relativ presiwert war. Das Café war auch toll mit leckeren Kuchen und Kaffee.

Ich musste leider um 14 Uhr direkt zum Bahnhof gehen, um nach Hause zu fahren. Ich wollte eigentlich länger bleiben.

1. What did Sabine visit?
   a. An art gallery
   b. A museum
   c. A shopping centre
2. Where was it located?
   a. In the park
   b. Next to a restaurant
   c. In the city centre
3. How does she describe the attraction?
   a. Not too big and educational
   b. Small and boring
   c. Big and interesting
4. What information does she give about entry costs?
   a. It was €40 per person
   b. There was a discount for students
   c. Students didn't have to pay
5. What does she say about the shop?
   a. It was closed
   b. It was good value
   c. It was very expensive

6. What does she wish?
   a. That the station was closer
   b. That it was closer to home
   c. That she could have stayed longer

GRAMMAR

When talking about the past certain verbs are likely to be written in the imperfect tense:

- Ich war – I was
- Es war – it was
- Ich hatte – I had
- Es hatte – it had
- Es gab – There was

See page 217 for details.

LISTENING

Listen to Karl and Mia talking about their local areas. For each person, make notes under the following headings:
- What their town was like in the past
- What their town is like now
- If they like living there and why/why not

GRAMMAR

The perfect tense is used to talk about things which happened in the past. It is the most common way to talk about the past in German.

To form the perfect tense you need:

- The correct form of **haben** or **sein**
- A past participle

There are regular (e.g. gespielt, gewohnt) and irregular (e.g. gegangen, gesehen) past participles:

- Ich **habe** im Park **gespielt**.
- Er **hat** in der Stadtmitte **gewohnt**.

Some verbs (see page 215) use **sein** instead of **haben**:

- Ich **bin** ins Kino **gegangen**.

SPEAKING

Conversation
- Was gibt es für junge Leute in deiner Gegend?
- Wohnst du gern in deiner Gegend? Warum (nicht)?
- Was für Probleme gibt es in deiner Gegend?
- Was hast du letzte Woche in deiner Gegend gemacht?
- Beschreibe deine ideale Stadt.
- Ist deine Gegend gut für Touristen?

WRITING

Schreib einen Blog über deine Gegend.
Du kannst weitere Informationen angeben, aber du musst Informationen zu den folgenden Themen nennen:

- Beschreibe deine Gegend.
- Deine Meinung über deine Gegend?
- Ist deine Gegend gut für junge Leute?

EXTRA

- Was ist besser – das Leben in einer Stadt oder auf dem Lande?

READING

Lies diese Werbung und wähle die richtige Antwort.

Explorado – Willkommen im größten Kindermuseum Deutschlands

Explorado ist ein Museum für 4–12 Jährige

Drei Etagen, wo Kinder spielen und lernen können

Öffnungszeiten: Dienstag bis Donnerstag 9:00–18:00 Uhr

Freitag bis Sonntag 10:00–19:00 Uhr

Tagesticket: 16,50 Euro (Kinder unter 3 Jahre kostenlos)

Online Ticket-Rabatt – Wer online bestellt, spart Geld

Richtig (R), falsch (F) oder nicht im Text (NT)?

1. Man kann das Museum am Montag besuchen.
2. Karten sind billiger im Internet.
3. Das Café ist sehr billig.
4. Es gibt tolle Souvenirs im Geschäft.
5. Das Museum ist für Kinder zwischen 4 und 12 Jahren alt.
6. Kinder unter 3 Jahren müssen nicht bezahlen.
7. Es ist das größte Museum in Europa.
8. Das Museum ist in der Stadtmitte.

EXTRA

Correct the false statements.

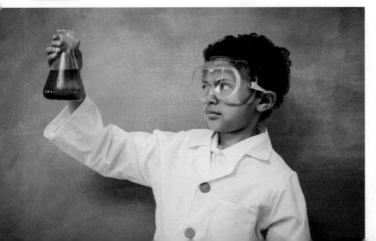

READING

Read the extract from „Mo und die Krümel – Auf Klassenfahrt" by Rüdiger Bertram and Heribert Schulmeyer. Answer the questions in English.

Frau Nett ist unsere Lehrerin. Eigentlich heißt sie ja Frau Grimm. Aber wir nennen sie alle nur Frau Nett. Das passt viel besser zu ihr.

Wir sind die Kinder der Hamster-Klasse. In unserer Schule haben alle Klassen Tiernamen.

An diesem Tag war es unmöglich still zu sein. Wir saßen alle im Stuhlkreis und haben darüber geredet, wo unsere Klassenfahrt hingehen soll.

„Ist doch logisch! Wir fahren in einen Freizeitpark mit ultracoolen Achterbahnen", hat Anton gerufen.

„So ein Blödsinn! Wir fahren in ein Fußballstadion", hat Esra gesagt.

„Quatsch! Wir fahren in eine Bücherei", hat Kim gerufen.

„Mir egal, wo wir hinfahren. Hauptsache, es gibt genug zu essen", hat Erik gerufen.

„Fliegen wir dahin?" hat Esra gefragt.

„Fahren wir mit dem Schiff?" war Eriks Frage.

„Nehmen wir den Zug?" hat Kim gefragt.

„Nein, wir fahren mit dem Bus", hat Frau Nett geantwortet. Mehr hat sie nicht gesagt. Das sollte eine Überraschung sein.

1. What are you told about the class name? Write **two** details.
2. Why are the class so excited?
3. Which **three** suggestions for places do the class make?
4. Which **three** types of transport are suggested by the children?
5. How are they actually travelling?
6. Where are they going?

LISTENING

Listen to this conversation and choose the correct answer (1–3).

1. Who has Sebastian phoned?
   a. His family
   b. His school
   c. The tourist office
2. What does Sebastian want to visit?
   a. A castle
   b. A museum
   c. A local school
3. Who recommended it to him?
   a. His mum
   b. His teacher
   c. His friend

Choose the six correct statements.

1. Sebastian is on a school trip.
2. The attraction is closed on Sundays.
3. The attraction is open six days a week.
4. The bus stop is opposite the hotel.
5. The attraction is open from 11 a.m. to 5 p.m.
6. The attraction is open every day.
7. Sebastian is planning to go on Sunday.
8. There are three buses per hour.
9. The attraction is opposite the hotel.
10. Sebastian is with his family.

SPEAKING

Role play
- ? Eine Touristenattraktion
- ? Preis
- Deine Gegend (**zwei** Details)
- Du – letzte Woche – Touristenattraktion
- Du – nächste Woche – in deiner Gegend
- Eine Sehenswürdigkeit (**zwei** Details)

READING

Translate the sentences into English.
1. Die Kunstgalerie ist interessanter als das Museum.
2. Der Bus ist billiger als der Zug.
3. Ich habe mit meiner Familie das Stadion besucht.
4. Wir sind mit dem Bus gefahren, weil es schneller war.

WRITING

Schreibe eine Werbung für eine Touristenattraktion in der Gegend.
Du kannst weitere Informationen angeben, aber du musst Informationen zu den folgenden Themen nennen:

- Allgemeine Informationen (Öffnungszeiten, Preise und so weiter)
- Details über die Attraktion
- Warum man diese Attraktion besuchen sollte

GRAMMAR

Comparing things
Forming the comparative in German is easy. With most adjectives you simply add **–er**:

- klein – kleiner (smaller)
- modern – moderner (more modern)

Some (short) adjectives add an umlaut:

- alt – älter
- groß – größer

Use the word **als** to compare things:

- Das Kino ist moderner **als** das Sportzentrum.

To form the superlative you can use the structure **am -sten**:

- am kleinsten – the smallest
- am modernsten – the most modern

Some words don't follow this pattern:

- gut, besser, am besten – good, better, the best
- viel, mehr, am meisten – a lot, more, the most

See page 222.

2A LOCAL AREAS OF INTEREST (3)

READING

Read what these young people have to say about their local area. Match the name to the statement.

Stefan: Ich fahre gern mit dem Rad. Leider gibt es nicht genug Fahrradwege.

Maria: Die Geschäfte sind langweilig für junge Leute – Ich hätte gern ein modernes Einkaufszentrum in der Gegend.

Ali: Meine Freunde wohnen nicht in der Nähe und die Busse fahren nicht sehr regelmäßig.

Nina: Das Kino und das Sportzentrum sind sehr teuer.

Lukas: Touristen kommen hier nicht hin – es gibt keine Museen oder Kunstgalerien.

Silke: Die Stadtmitte ist so schmutzig – Müll überall!

1. The leisure facilities cost too much.
2. The town needs to be cleaned up.
3. We need more facilities to attract tourists.
4. I wish they'd improve things for cyclists.
5. The area needs better public transport.
6. I wish we had more modern shops.

EXTRA

Find the German for:
- regularly
- dirty
- in the area
- rubbish

WRITING

Translate the paragraph into German.
I like living in my town. There are lots of cafes and restaurants. My sister finds the town boring, because there's no sports centre. I'm going to live in Germany when I'm older.

LISTENING

Höre dir diesen Radiobericht an. Welche sechs Sätze sind richtig?

Section 1
1. Häuser in Leipzig sind teurer als in München.
2. Es kostet mehr in München zu wohnen als in andereren deutschen Städten.
3. Leipzig laut der Studie an erster Stelle.
4. Es gibt keine Parks in Leipzig.
5. Leipzig ist beliebt bei jungen und alten Leuten.

Section 2
6. Es gibt viele Parkplätze in Hamburg.
7. Man kann in Münster gut essen gehen.
8. Hamburg ist gut für Touristen.
9. Es gibt wenig Kriminalität in Münster.
10. Münster ist beliebter als Hamburg.

READING

Read this letter to a local newspaper and answer the questions in English.

Ich hasse diese Stadt!

Ein Mann schiebt einen Kinderwagen mit einer Bierflasche in der Hand – ein normales Bild hier. <u>Ich wohne hier seit zwölf Jahren</u> und bin nicht mehr stolz hier zu wohnen. Warum?

Hier sind meine Gründe:

- Müll – Jede Mülltonne ist voll und <u>es gibt Fast-Food-Verpackungen überall.</u>
- Lärmverschmutzung – Warum muss jedes Auto laute Musik spielen? Es gibt auch oft Partys bis 4 Uhr morgens – nicht nur freitags und samstags sondern jeden Tag.
- Seit Jahren gibt es zu viele Leute und nicht genug Häuser.
- Lange Staus jeden Tag und <u>es ist fast unmöglich einen Parkplatz zu finden.</u>
- Die Kriminalität steigt jährlich. Ich habe Angst in die Stadtmitte zu gehen, wenn es dunkel ist.

Meiner Meinung nach ist es nicht zu spät. Wir können unsere Stadt verbessern, aber wir müssen zusammenarbeiten.

Wir brauchen Strafen für Personen, die Müll auf die Straße werfen und wir müssen unsere Nachbarn mit Respekt behandeln.

Die Landesregierung muss mehr Häuser bauen und in Infrastruktur investieren. Bessere Busverbindungen würden die Situation verbessern.

<u>Wir brauchen auch mehr Polizei auf den Straßen</u>, damit wie uns alle sicher fühlen.

Nina

1. Why has Nina written to the paper?
2. Why does she think her town is a mess?
3. Name **two** problems with noise she mentions.
4. Name **two** problems drivers face.
5. What is Nina scared to do?
6. Name **three** ways she thinks the situation could be improved.

EXTRA

Translate the underlined sentences.

Seit is being used here with the present tense to say how long you have been doing something for:

- Ich wohne **seit** 10 Jahren in München – I have lived in Munich for 10 years (and still do!)

Photo card

SPEAKING

- Beschreibe das Foto/Was passiert auf diesem Foto?
- Wohnst du gern in deiner Gegend? Warum (nicht)?
- „Das Leben in einem Dorf ist langweilig." Was sagst du dazu?
- Was wirst du nächsten Samstag in deiner Gegend machen?
- Wie würdest du deine Gegend verbessern?

GRAMMAR

The conditional tense is used to say what you would do e.g.

- Ich **würde** mehr Häuser **bauen** (um meine Stadt zu verbessern) – I would build more houses (to improve my town)

Use the correct form of **würden** plus an infinitive at the end of the sentence. See page 218 for more information.

When using the conditional with haben and sein you will normally see the following forms: **hätte** and **wäre**:

- Wenn ich reich **wäre**, würde ich ein modernes Haus kaufen – If I were rich, I would buy a new house
- Wenn ich mehr Geld **hätte**, würde ich umziehen – If I had more money, I'd move

2A LOCAL AREAS OF INTEREST VOCABULARY GLOSSARY

das Arbeitszimmer	study
das Badezimmer	bathroom
der Dachboden (¨en)	attic/loft
das Esszimmer	dining room
der Flur (-e)	hall(way)
die Garage (-n)	garage
der Garten (¨en)	garden
der Keller	cellar
die Küche (-n)	kitchen
das Schlafzimmer	bedroom
das Spielzimmer	games room/playroom
die Toilette (-n)	toilet
die Treppe (-n)	stairs
das Wohnzimmer	lounge/living room
die Apotheke (-n)	chemist's shop, pharmacy
die Bäckerei (-en)	baker's shop
der Bahnhof (¨e)	railway station
die Bank (-en)	bank
der Bauernhof (¨e)	farm
die Bibliothek (-en)	library
der Briefkasten (¨)	post box
die Brücke (-en)	bridge
die Bücherei (-en)	library
die Buchhandlung (-en)	bookshop
der Busbahnhof (¨e)	bus station
die Bushaltestelle (-n)	bus stop
der Campingplatz (¨e)	campsite
das Denkmal (¨er)	monument
der Dom (-e)	cathedral
die Drogerie (-n)	chemist's shop
das Einkaufszentrum (-tren)	shopping centre

die Eisbahn (-en)	skating rink
der Freizeitpark (-s)	leisure park
das Freizeitzentrum (-tren)	leisure centre
die Fußgängerzone (-n)	pedestrian precinct
das Hallenbad (¨er)	indoor pool
das Kaufhaus (¨er)	department store
das Kino (-s)	cinema
die Kirche (-n)	church
die Kneipe (-n)	pub
die Konditorei (-en)	cafe/cake shop
das Krankenhaus (¨er)	hospital
der Marktplatz (¨e)	market place
die Metzgerei (-en)	butcher's shop
das Museum (-een)	museum
das Parkhaus (¨er)	multi-storey car park
der Parkplatz (¨e)	car park
die Polizeiwache (-n)	police station
die Post (-en)	post (office)
das Postamt (¨er)	post office
das Rathaus (¨er)	town hall
das Schwimmbad (¨er)	swimming pool
der Sportplatz (¨e)	playing/sports field
das Sportzentrum (-tren)	sports centre
das Stadion (-ien)	stadium
das Theater (-)	theatre
die Tiefgarage (-n)	underground garage

Four young people describe how they get to school. Complete the table in English for each person.

Wie fährst du zur Schule?

Timo: Ich gehe jeden Tag zu Fuß. Das ist gesünder und umweltfreundlicher als mit dem Auto.

Sarah: Es ist zu weit mit dem Rad, deswegen fahre ich jeden Tag mit dem Schulbus.

Hasan: Im Winter bringen meine Eltern mich mit dem Auto zur Schule. Ich stehe nicht gern an der Bushaltestelle, wenn es eiskalt ist.

Rosa: Ich bin jetzt 15 und habe mein eigenes Mofa. Das geht viel schneller und morgens kann ich länger im Bett bleiben. Mit 18 werde ich ein Motorrad kaufen.

NAME	HOW THEY GET TO SCHOOL	REASON(S)
TIMO		
SARAH		
HASAN		
ROSA		

Lies diese Werbung. Welche sechs Sätze sind richtig?

Trinken Sie gern Bier? Machen Sie gern Sightseeing in Berlin? Dann buchen Sie ein sogenanntes Bierbike. Normalerweise sollte man nicht Alkohol trinken und durch die Stadt fahren, aber mit einem Bierbike ist das kein Problem. Wer ein Bierbike mietet, mietet es immer mit Fahrer: Er arbeitet für die Firma, er ist für die Sicherheit der Kunden verantwortlich, er lenkt das Fahrzeug und er darf auch keinen Alkohol trinken.

Das Bierbike hat Platz für bis zu 16 Personen. Mindestens sechs bis acht Personen müssen in die Pedale treten, weil das Bierbike knapp 1000 Kilogramm schwer ist. Man kann das Bierbike das ganze Jahr über täglich von 9 bis 22 Uhr mieten. Man mietet immer das ganze Bierbike und eine Stunde kostet zwichen 160 Euro (montags bis donnerstags) und 190 Euro (freitags bis sonntags). Hinzu kommen die Preise für Getränke. Ein Liter Bier kostet 4 Euro, alkoholfreie Getränke 2,50 Euro.

Für weitere Informationen besuchen Sie unsere Webseite.

1. Der Fahrer darf kein Bier trinken.
2. Alkoholische Getränke sind inklusive.
3. Man kann Bier trinken und gleichzeitig die Sehenswürdigkeiten in Berlin sehen.
4. Preise beginnen ab 160 Euro pro Stunde.
5. Samstag ist billiger als Dienstag.
6. Die Öffnungszeiten sind von 9 Uhr bis Mitternacht
7. Man kann das Bierbike jeden Tag mieten.
8. Bier ist billiger als Limonade.
9. Getränke kosten extra.
10. Man braucht mehr als sechs Personen.

EXTRA

Translate the four incorrect sentences into English.

GRAMMAR

Negatives

Nicht means not and is usually used to negate a verb:

- Ich gehe am Samstag **nicht** in die Schule.

Kein is usually used to negate a noun:

- Ich habe **kein** Auto.
- Es gibt **keine** Bushaltestelle in meinem Dorf.

See page 225 for more information.

LISTENING

Listen to this advert. Choose the correct answer.

Section 1

1. What is the advert for?
   a. Car sharing
   b. Train tickets
   c. Fast food
2. The service is available in …
   a. all countries
   b. Germany
   c. Europe
3. What are you told about prices?
   a. Up to 57% cheaper
   b. Up to 75% cheaper
   c. More than 75% cheaper

Section 2

4. It's described as …
   a. bad for the environment
   b. easy and fun
   c. easy but boring
5. To use the system you need …
   a. a mobile phone
   b. a reference number
   c. a password
6. Help is available …
   a. until midnight
   b. five days a week
   c. all the time

Conversation

SPEAKING

- Wie fährst du normalerweise zur Schule?
- Fährst du lieber mit dem Bus oder mit dem Auto? Warum?
- Gibt es Verkehrsprobleme in deiner Gegend?
- Wie bist du letztes Jahr in den Urlaub gefahren?
- Fährst du gern mit dem Rad? Warum (nicht?)
- Gibt es zu viele Autos in deiner Gegend?

GRAMMAR

Gern/lieber/am liebsten are useful ways to talk about what you like/prefer to do. They go after the verb:

- Ich fahre **gern** mit dem Rad – I like going by bike
- Ich fahre **lieber** mit dem Auto – I prefer going by car
- Ich fahre **am liebsten** mit dem Taxi – I like going by taxi most of all

In questions they go after the pronoun:

- Fährst du **gern** mit dem Bus? – Do you like travelling by bus?

WRITING

Schreib mindestens einen Satz pro Frage.

- Wie kommst du zur Schule?
- Gibt es zu viele Autos in deiner Gegend?
- Fährst du gern mit dem Bus?
- Wie fährst du am liebsten?
- Wie bist du letztes Jahr in den Urlaub gefahren?

2B TRANSPORT (2)

Lies die Informationen. Welche Karte (A–D) ist am besten für jede Nummer (1–8).

A

Einzel-Tageskarte

Gilt für eine Person für Bus und Bahn

1 Tag: 6,40 €

3 Tage: 16,00 €

B

Gruppen-Tageskarte

(bis 5 Erwachsene)

Gültigkeitsdauer 5 Uhr bis 23 Uhr

Preis: 12,20 €

C

Kinder-Monatskarte

Diese Karte gilt für ein Kind zwischen
6 und 14 Jahren

Preis: 3,00 €

Nicht gültig am Samstag oder Sonntag

D

CityPass für Touristen

1 Tag: 10,90 €

3 Tage: 21,90 €

4 Tage: 26,90 €

Mit dieser Karte bekommt man auch Rabatte
für 70 touristische Attraktionen

1. Ich fahre montags bis freitags zur Schule.
2. Ich wohne hier, bin 18 und fahre allein.
3. Man bekommt auch eine Ermäßigung für Museen und so weiter.
4. Ich besuche die Stadt für das Wochenende.
5. Ich möchte mit dem Bus und dem Zug fahren.
6. Ich bin sieben Jahre alt.
7. Ich muss am Wochenende nicht mit dem Bus fahren.
8. Wir sind vier Erwachsene.

Find the German for:
- day ticket
- adults
- discounts
- between
- valid

Coordinating conjunctions

Aim to use a range of words to join sentences together. Remember that some change the word order. These don't change the word order:

- und – and
- aber – but
- denn – because
- oder – or
- Ich wohne in der Stadt **und** ich habe mein eigenes Auto.

Subordinating conjunctions

These conjunctions act as verb scarers – they send the verb to the end of the sentence. Here are some common ones. See page 224 for more.

- bevor – before
- da – because
- obwohl – although
- weil – because
- wenn – when/if
- damit – so that
- Ich fahre mit dem Bus, **obwohl** es langsam **ist**.

Read what these young people say about learning to drive.

„Führerschein? Nein danke!"

Früher war das Auto das Symbol der Freiheit für junge Leute. Heutzutage träumen immer weniger 18-Jährige vom eigenen Auto.

Vor zehn Jahren haben mehr als 90 Prozent der 18-Jährigen den Führerschein so bald wie möglich gemacht. Heutzutage ist das nur jeder Fünfte. Erst mit 24 Jahren haben 95 Prozent die Fahrerlaubnis.

Diese fünf Jugendlichen berichten, warum sie keine Lust auf den Führerschein haben.

Kim, 18: Die meisten meiner Freunde haben den Führerschein schon gemacht – ich nicht. Ich habe genug Geld für Fahrstunden, aber Autofahren ist mir nicht wichtig. Die Abgase sind schlecht für die Umwelt.

Malina, 17: Ich wohne in einer Großstadt und man kommt überall mit Bus und Bahn hin. Es gibt so viele Staus – Ich bin genauso schnell mit den öffentlichen Verkehrsmitteln wie mit dem Auto.

Antonio, 17: Die Kosten für ein Auto sind zu hoch. Ich bin lieber mit dem Rad unterwegs – gesund und umweltfreundlich.

Patryk, 18: Ich habe keine Zeit meinen Führerschein zu machen.

Zehra, 17: Ich bin kein Umweltfanatiker, aber Autos finde ich laut und dreckig.

Answer these questions in English.

1. How did young people used to view the driving licence?
2. What has changed in recent years?

Who would say the following statements.

1. Learning to drive is too expensive.
2. Public transport is more efficient than a car.
3. Cars are too noisy.
4. I prefer cycling.
5. Learning to drive takes too much time.
6. My friends have got their driving licences.

Listen to the radio traffic report and answer the questions in English.

Section 1

What does it say about the following roads:
1. A2 to Hannover
2. A8 to Stuttgart
3. A7 to Hamburg

Section 2
1. Name **two** things the police are currently doing.
2. What is the aim of this?

Translate the sentences into German.
1. There are often traffic jams in my town.
2. I usually walk to school.
3. I go by car because it's quicker.
4. I will have driving lessons.

Photo card
- Beschreibe das Foto/Was passiert auf diesem Foto?
- Fährst du gern Rad? Warum (nicht)?
- „Busse in der Gegend sind zu teuer." Was sagst du dazu?
- Wie bist du gestern zur Schule gefahren?
- Ist es wichtig einen Führerschein zu haben?

Read these instructions from a ticket machine and answer the questions in English.

Fahrkartenkauf am DB Automat

Einfach und schnell zur Fahrkarte – 24 Stunden pro Tag

<u>Sie können mit Münzen, Banknoten oder Kreditkarte bezahlen</u>

- <u>Wählen Sie die Sprache</u>: Deutsch, Englisch, Französisch, Spanisch oder Italienisch
- Wählen Sie das Start-Ziel
- Geben Sie den Zielbahnhof an
- <u>Tippen Sie das Datum ein</u> (wenn nicht heute)
- Tippen Sie „Wieviele Reisende" ein
- <u>Wählen Sie Klasse und Zugtyp</u>
- Bezahlen Sie und nehmen Sie die Fahrkarten mit

1. Write **two** advantages of using the ticket machine.
2. Write **two** ways you can pay.
3. Name **three** languages which are available.
4. When do you have to type the date in?
5. What does the final instruction tell you to do?

Translate the underlined sentences.

Read this extract from „Das Leben meiner Tochter" by Steffen Weinert. Answer the questions in English.

Am nächsten Morgen sind wir schon früh auf der Autobahn. Ich bin stolzer Besitzer eines tannengrünen Mercedes. Baujahr 74. Höchstgeschwindigkeit immerhin 125 km/h.

Natalie zeigt auf ein vorbeiziehendes Schild. „Da hinten ist ein Rastplatz."

Den Parkplatz erreichen wir gerade noch rechtzeitig. Kaum habe ich den Wagen zum Stehen gebracht, stürzt Jana hinaus und übergibt sich in den nächsten Mülleimer. Wir eilen zu ihr, bringen Wasser und Taschentücher.

Minuten später sitzt sie wieder im Auto.

„Hast du vielleicht was Schlechtes gegessen?" fragt Natalie mütterlich.

„Weiß nicht."

„Du hattest die Grippe vor zwei Wochen", überlege ich.

Wir verlassen den Parkplatz und fahren Richtung Alpen und freuen uns auf die Schneelandschaft.

1. What sort of road are they travelling on?
2. Give **two** details about the Mercedes car.

Hör diese Konversation an. Fülle die Tabelle auf Deutsch aus.

Wohin fährt er?	
Was für eine Fahrkarte braucht er?	
Welche Klasse kauft er?	
Was kostet das?	
Wie bezahlt er?	
Wann fährt der direkte Zug?	

3. What does Natalie point out?
4. What do her friends bring her after she's been sick?
5. What kind of person is Natalie described as?
6. Why do they think Natalie was sick? Write **two** details.
7. Where are they heading?

SPEAKING

Role play
- Verkehrsmittel – Meinung – **zwei** Details
- Verkehrsmittel – ein Problem
- Du – gestern – in die Schule
- Du – nächstes Jahr – Urlaub – wie
- ? Öffentliche Verkehrsmittel
- ? Preis

WRITING

Schreibe eine Liste von zehn Anweisungen für Touristen, die öffentliche Verkehersmittel in deiner Gegend benutzen wollen. (Remember to use the imperative!)

GRAMMAR

The ticket machine instructions contain instructions. It's easy to give commands or instructions in the **Sie** form in German. You just use the present tense and switch the verb and pronoun:

- Sie wählen eine Sprache
- Wählen Sie eine Sprache! – Choose a language!
- Gehen Sie geradeaus! – Go straight on!
- Vergessen Sie nicht! – Don't forget!

READING

Translate the sentences into English.
1. Zugfahrkarten sind sehr teuer.
2. Der Zug ist pünktlich angekommen.
3. Es gibt viele Staus in meiner Gegend.
4. Ich fahre gern mit dem Rad, weil es gesund ist.

GRAMMAR

Use of *man*
Although **man** literally translates as one, it is far more commonly used in German. It is used where we may use 'you' in English.

- **Man** bekommt eine Ermäßigung – You get a discount (One gets a discount)
- **Man** kann mit dem Bus fahren – You can go by bus (One can go by bus)

GRAMMAR

Remember when using the perfect tense that some verbs use **haben** and some use **sein** (often verbs of movement) – see page 215 for verb tables.

- Ich bin mit dem Auto gefahren.
- Wir sind nach Deutschland geflogen.
- Der Zug ist pünktlich angekommen.

2B TRANSPORT VOCABULARY GLOSSARY

die Abfahrt (-en)	departure
die Ankunft (¨e)	arrival
die Auskunft (¨e)	information
der Bahnsteig (-e)	platform
bestellen	to order
bezahlen	to pay
buchen	to book
die DB (Deutsche Bahn)	German Rail
direkt	direct
einfach	single
einwerfen	to insert (e.g. coin)
der Entwerter	ticket punching machine
die Fähre (-n)	ferry
der Fahrgast (¨e)	passenger
das Fahrgeld (-er)	fare
die Fahrkarte (-n)	ticket
der Fahrplan (¨e)	timetable
der Fahrpreis (-e)	fare
der Fahrschein (-e)	ticket
der Flug (¨e)	flight
der Fluggast (¨e)	airline passenger
der Flughafen (¨en)	airport
der Flugplatz (¨e)	airport
das Flugzeug (-e)	aeroplane
die Gepäckaufbewahrung (-en)	left luggage office
das Gleis (-e)	track, platform
gültig	valid
die Haltestelle (-n)	stop
der Hauptbahnhof (¨e)	main station
hin und zurück	return
der Inter-City-Zug (¨e)	Inter City train
die Karte (-n)	ticket, card
die Münze (-n)	coin
Nichtraucher(abteil) (-e)	non-smoker (compartment)

die Notbremse (-n)	emergency brake
der Notruf (-e)	emergency call
reservieren	to reserve
die Reservierung (-en)	reservation
die Richtung (-en)	direction
die Rückfahrkarte (-n)	return ticket
die Rückgabe (-n)	return (money)
die S-Bahn (-en)	suburban railway/tram
der Schaffner (-)	ticket collector
der Schnellzug (¨e)	express train
die Straßenbahn (-en)	tram
die U-Bahn (-en)	underground railway
die U-Bahnstation (-en)	underground station
der Zug (¨e)	train

die Ampel (-n)	traffic lights
die Ausfahrt (-en)	exit (motorway)
die Autobahn (-en)	motorway
das Autobahnkreuz (-e)	motorway junction
das Autokennzeichen (-)	registration plate
das Benzin	petrol
bleifrei	lead free
die Fahrt (-en)	journey, drive
der Kofferraum (¨e)	car boot
der LKW (Lastkraftwagen) (-s)	lorry
das Normalbenzin	standard petrol
das Öl	oil
der Parkplatz (¨e)	car park
der Parkschein (-e)	parking ticket
die Parkuhr (-en)	parking meter
das Parkverbot (-e)	no parking
der PKW (Privatkraftwagen) (-s)	car
das Steuerrad (¨er)	steering wheel
volltanken	to fill the petrol tank
die Vorfahrt (-en)	right of way

GRAMMAR

1. RELATIVE CLAUSES – USE OF *WO*

Join these sentences together using **wo**.

1. Es gibt ein Restaurant. Man kann Pizza essen.
2. Es gibt ein Sportzentrum. Man kann Basketball spielen.
3. Es gibt eine Hochschule. Man kann lernen.
4. Es gibt eine Bibliothek. Man kann Bücher ausleihen.
5. Es gibt einen Park. Man kann wandern.
6. Es gibt einen Markt. Man kann billige Kleidung kaufen.

Wo can be used to join two sentences together. Remember the verb in the relative clause goes to the end of the sentence.

- *Es gibt ein Kino. Man kann Filme sehen.*
- *Es gibt ein Kino, wo man Filme sehen kann.*

2. PERFECT TENSE

Fill in the gap with the correct form of **haben** or **sein**.

1. Ich _____ CDs gekauft.
2. Ich _____ ins Restauarant gegangen.
3. Er ___ einen Film gesehen.
4. Wir _____ ins Kino gegangen.
5. Ich _____ in Frankreich gewohnt.
6. Meine Schwester _____ Kleidung gekauft.

To form the perfect tense you need:

- The correct form of haben or sein
- A past participle

e.g. *Ich habe im Park gespielt.*

3. COMPARING THINGS

Make sentences comparing things using the following keywords.

Example:
- das Kino – modern – das Sportzentrum
- Das Kino ist moderner als das Sportzentrum.

1. das Dorf – klein – die Stadt
2. das Sportzentrum – groß – das Kino
3. der Bus – teuer – der Zug
4. das Museum – interessant – die Kunstgalerie
5. meine Stadt – gut – deine Stadt

Remember that most adjectives just add -er but there are some irregular forms. See page 221.

Use the word als to compare things.

4. PERFECT TENSE

Put these present tense sentences into the perfect tense.

Example:
- Ich wohne in Berlin.
- Ich habe in Berlin gewohnt.

1. Ich mache meinen Führerschein.
2. Ich fahre mit dem Rad.
3. Ich finde Autos sehr laut.
4. Mein Bruder geht zu Fuß in die Stadt.
5. Wir fliegen nach Spanien.

Remember when using the perfect tense that some verbs use haben and some use sein (often verbs of movement) – see page 215 for verb tables.

5. CONJUNCTIONS

Join the following sentences together using a suitable conjunction.

1. Ich fahre gern mit dem Bus. Ich bin umweltfreundlich.
2. Ich habe meine eigenes Auto. Es ist teuer.
3. Ich wohne gern in der Stadt. Es gibt oft Staus.
4. Mein Fahrrad ist alt. Ich mag mein Fahrrad.
5. Man kann mit dem Bus fahren. Die Karten sind billig.

Remember that some conjunctions change the word order. See page 224 for details.

6. COMMANDS

1. mit fahren Sie Taxi dem!
2. Sie Fahrkarte kaufen eine!
3. nicht vergessen Sie!
4. die erste nehmen Sie Straße links!
5. Deutsch lernen Sie!

It's easy to give commands or instructions in the Sie form in German. You just use the present tense and switch the verb and pronoun. See page 219 for details.

THEME: CURRENT AND FUTURE STUDY AND EMPLOYMENT

UNIT 1

CURRENT STUDY

3A SCHOOL/ COLLEGE LIFE (1)

READING

Lies die Texte. Wer hat was gesagt?

> Unser Unterricht fängt um Viertel nach acht an und ist um halb drei zu Ende. Wir haben sechs Stunden pro Tag und jede Stunde ist 45 Minuten lang. Ich laufe jeden Morgen zur Schule. In der Pause esse ich Snacks und spiele Fußball, wenn ich Zeit habe. Unsere Schule bietet nach dem Unterrricht Training in verschiedenen Sportarten an.

MAX

> Ich komme um acht in der Schule an und der Unterricht beginnt um Viertel nach acht. Die Schule ist um fünfzehn Uhr aus. Die Schulstunden sind entweder 45 oder 50 Minuten lang. Ich gehe zu Fuß in die Schule, weil ich um die Ecke wohne. Ich gehe in der Pause in die Bibliothek und mache Hausaufgaben. Nach der Schule sehe ich fern oder lese.

LENA

		MAX	LENA	MAX *UND* LENA
1	Die Schule beginnt um 8:15			
2	Die Schule endet um 15:00			
3	Jede Stunde dauert 45 Minuten			
4	Ich gehe zu Fuß in die Schule			
5	Ich mache in der Pause Hausaufgaben			
6	Ich treibe nach der Schule Sport			

GRAMMAR

Separable verbs
Some verbs in German have a separable prefix which usually goes to the end of the sentence:

- fernsehen – to watch TV
  Ich **sehe** jeden Abend **fern**.
- anfangen – to start/begin
  Die Schule **fängt** um 8 Uhr **an**.
- ankommen – to arrive
  Ich **komme** immer pünktlich **an**.

Inseparable verbs
Some verbs look like separable verbs but the prefix doesn't go to the end:

- bekommen – to get/receive
  Ich **bekomme** viele Hausaufgaben.
- verstehen – to understand
  Ich **verstehe** das nicht.

READING

Read this extract from „Der Tag, an dem ich cool wurde" by Juma Kliebenstein. Answer the questions in English.

Über mich und meinen blöden ersten Schultag

Jetzt muss ich wohl erst mal was über mich erzählen. Ich heiße Martin und bin elf Jahre alt. Ich gehe in die sechste Klasse des Ludwig-Erhard-Gymnasiums. Eigentlich bin ich ein ganz normaler Junge. Ein bisschen dick vielleicht. Ich trage auch eine Brille. Sie hat zentimeterdicke, viereckige Gläser. Mit der Brille sehe ich aus wie eine vierzigjährige Fernsehmoderatin. Ich hoffe, dass das Ding im Sportunterricht kaputtgeht. Das ist auch der einzige Grund, warum ich überhaupt beim Sport mitmache. Dann bekomme ich eine neue Brille oder Kontaktlinsen.

Ich fühlte mich an diesem ersten Schultag total nervös. Ich saß in der großen Aula mit meiner Mutter.

Und dann ...

„Ebermann, Martin", hat der Direktor gesagt. „Klasse Fünf c."

Ich merkte, wie ich rot wurde. Ich hatte das Gefühl, alle glotzen mich an und lachen.

1. Write **two** details about Martin's school.
2. How does he describe himself? Write **two** details.
3. What's the only reason he takes part in PE lessons?
4. How does he feel on his first day at school?
5. What is he waiting for in the hall?
6. How does he feel when his name is called out?

EXTRA

Find the German for:
- to tell
- glasses
- nervous
- to laugh

LISTENING

Listen to the conversation between Azra and Thomas. Which four sentences are correct?

1. The snacks at school are unhealthy.
2. School starts at 8 a.m.
3. Sports clubs are on Fridays.
4. The food in the canteen is expensive.
5. School starts at 6 a.m.
6. Thomas does sport once a week after school.
7. School finishes at 2 p.m.
8. Thomas has a lot of homework.

GRAMMAR

The imperfect tense is usually used to talk about events in the past in more formal writing. There are a few examples in the extract from the book:

- Ich fühlte – I felt
- Ich saß – I sat

It is useful to be able to use some verbs which are commonly used in the imperfect tense:

- Ich hatte – I had
- Ich war – I was

It is useful to be able to recognise other forms of it, especially in literary texts.

See page 217 for more details.

WRITING

Schreib einen Satz für jedes Thema.
- Der Schultag
- Die Pause
- Die Mittagspause
- Nach der Schule

SPEAKING

Photo card
- Beschreibe das Foto/Was passiert auf diesem Foto?
- Gehst du gern in die Schule?
- „Schulklubs sind wichtig." Was sagst du dazu?
- Was hast du gestern in der Schule gemacht?
- Ist der Schultag in England zu lang?

3A SCHOOL/ COLLEGE LIFE (2)

Lies das Poster. Was gehört zusammen?

Schulregeln

1. Ich bin pünktlich.
2. Ich schalte mein Handy in der Unterrrichtszeit aus.
3. Ich höre gut zu, wenn meine Lehrer sprechen.
4. In der Schule gibt es ein Rauch- und Alkoholverbot.
5. Wir sprechen zusammen, wenn wir ein Problem haben.
6. Ich bin freundlich und helfe anderen, wenn möglich.

a. Man darf nicht rauchen.
b. Man muss nicht spät sein.
c. Man soll hilfsbereit sein.
d. Man darf keine Handys in einer Schulstunde benutzen.
e. Man muss sich gut konzentrieren.
f. Man muss Probleme diskutieren.

Read the e-mail and answer the questions in English.

Hi Ahmet,

wie geht's? Hoffentlich besser als mir! Nächsten Montag beginnt ein Handyverbot in der Schule. Ich finde das total dumm! Ich verstehe, dass Smartphones manchmal Probleme in die Schule bringen, zum Beispiel peinliche Fotos oder Cybermobbing. Einige Schüler versuchen auch heimlich im Unterricht zu chatten oder surfen. Meiner Meinung nach muss der Lehrer den einzelnen Schüler dafür bestrafen. Es ist Blödsinn, dass wir deswegen alle unsere Handys zu Hause lassen müssen.

Meine Schule hat nur 45 PCs und 23 Notebooks – für 909 Schüler! Das ist nicht sehr viel. Die meisten Schüler haben internetfähige Geräte mit Kameras in der Tasche. Mein Handy ist ein Taschenrechner, ein Wörterbuch, ein Kommunikationsmittel und viel mehr! Wir müssen lernen, Handys sinnvoll in der Schule zu benutzen.

Bis bald

Julia

1. Which rule is being introduced next week?
2. What does Julia think of this?
3. Which problems is she aware of? Write **two** details.
4. What would she prefer to see happen?
5. What is her argument against the new rule? Write **two** details.
6. What do students need to learn to do?

Lies Julias E-Mail und schreibe zurück.
Du kannst weitere Informationen angeben, aber du musst Informationen zu den folgenden Themen nennen:

- Regeln in deiner Schule
- deine Meinungen

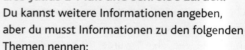

Ist ein Handyverbot eine gute Idee? Erläutere deine Meinungen.

Writing an informal letter/e-mail

There aren't any fixed rules when it comes to writing a letter or e-mail to a friend.

You may start it off with some of the following ideas:

- Liebe Julia – Dear … (girl)
- Lieber Stefan – Dear … (boy)

Or a greeting:

- Tag!
- Hallo!

To sign off you could use:

- Bis bald – See you soon
- Tschüss – Bye
- Mit freundlichen Grüßen – Yours faithfully

Translate the paragraph into English.

Es gibt viele Regeln in meiner Schule. Man muss natürlich pünktlich in die Schule kommen. Das finde ich fair. Handys sind in der Schule verboten. Ich kann das verstehen, aber es ist ärgerlich.

Listen to this answer machine message. Answer the questions in English.

1. What sort of student is Roberto normally?
2. What has been the problem this week?
3. Is this a regular problem?
4. Which **two** options does she offer?
5. When specifically can she be contacted?

It's important to give a range of opinions in your speaking and writing tasks. Try to use a range of adjectives so everything isn't gut or interessant!

- Ich finde das prima/kompliziert/einfach/furchtbar/ wunderbar/unglaublich/doof/dumm/langweilig.

And use intensifiers with adjectives:

- wirklich – really
- (nicht) sehr – (not) very
- zu – too
- ziemlich – fairly/quite
- ein bisschen – a bit

Vary the structures you use:

- Meiner Meinung nach – In my opinion
- Ich denke – I think
- Ich stimme ... zu – I agree with

Role play

- Deine Schule (**zwei** Details)
- Deine Schule (Meinung)
- Du – gestern – in der Pause
- ? Schultag
- Du – morgen – nach der Schule
- ? Uniform

Modal verbs usually need another verb to make sense:

- Man darf in der Schule nicht rauchen.

To talk about the past using modal verbs you normally use the imperfect form. See page 219 for more details.

- Ich musste meine Hausaufgaben machen – I had to do my homework
- Ich wollte Spanisch studieren – I wanted to study Spanish

READING

Read the statistics. What do the following figures refer to?

A. Es gibt 15 578 Grundschulen in Deutschland.

B. 2,5 Millionen Schülerinnen und Schüler besuchen eine berufliche Schule.

C. Mehr Schüler besuchen das Gymnasium – fast 33 Prozent.

D. Im Durchschnitt gibt es 26 Schüler pro Lehrer in öffentlichen Schulen.

E. 43 Prozent eines Jahrgangs studiert an der Universität weiter.

F. Es gibt 38 Schulwochen pro Jahr.

- 15 578
- 2.5 million
- 33%
- 26
- 43%
- 38

READING

Read the article and answer the questions in English.

Schulbeginn – nicht ohne Zuckertüte!

Der erste Schultag ist für Kinder etwas ganz Besonderes und bringt gemischte Emotionen. Eltern und oft Großeltern begleiten die Kinder zur Schule und natürlich gibt es die traditionelle Zuckertüte. Die Geschichte der Schultüte in Deutschland geht bis ins Jahr 1810 zurück. Damals gab es normalerweise Obst oder viellecht eine kleine Tafel Schokolade in den bunten Pappkegel.

Heutzutage haben sie eine große Bedeutung und werden immer größer und immer teurer. Man kann eine Schultüte selber machen, aber in den Geschäften findet man eine riesige Auswahl. Es ist möglich Schultüten mit Bildern von Haustieren, Disneyprinzessinnen oder Popstars zu kaufen – in allen Größen und Farben. Die Zuckertüte wird sogar zum Statussymbol – je größer desto besser. Man füllt

die Schultüte normalerweise mit Süßigkeiten, kleinen Spielsachen oder Schreibwaren.

1. How is the first day at school described?

2. Is the article about a recent tradition?

3. What used to be put in the *Zuckertüten*?

4. According to the article, what has happened to *Zuckertüten* recently? Write **two** details.

5. What are you told about the range available in the shops? Write **two** details.

6. What do children expect to find in their *Zuckertüte*? Write **two** items.

EXTRA

Sind Zuckertüten eine gute Idee? Warum (nicht)?

Immer + a comparative is a useful phrase:

- immer teurer – more and more expensive
- immer kleiner – smaller and smaller

The phrase je größer desto besser means the bigger the better.

When adjectives come before the noun e.g. der erste Schultag they need to agree with the gender and case of the noun they are describing.

See page 222 for more information.

GRAMMAR

Word order

Remember that the verb is usually the second idea (not always the second word) in a German sentence:

- Ich **spiele** normalerweise Fußball mit meinen Freunden.
- Normalerweise **spiele** ich Fußball mit meinen Freunden.
- Ich **esse** Snacks in der Pause.
- In der Pause **esse** ich Snacks.

LISTENING

Höre dir diesen Bericht über das Schulsystem in Deutschland und Polen an. Lies die Sätze. Ist das das Schulsystem in Deutschland, Polen *oder* Deutschland *und* Polen?

		DEUTSCHLAND	POLEN	DEUTSCHLAND *UND* POLEN
1	Kinder gehen erst zur Schule, wenn sie 6 Jahre alt sind			
2	Man muss zwischen verschiedenen Schultypen wählen			
3	Alle Kinder gehen ins Gymnasium			
4	Die Schule beginnt manchmal früher als September			
5	Das Schuljahr beginnt immer im September			
6	Es gibt keine Schuluniform			

SPEAKING

Conversation

- Beschreibe deine Schule
- Beschreibe den Schultag
- Wie findest du die Schulregeln?
- Was machst du in der Pause?
- Wie bist du gestern zur Schule gekommen?
- Wie würdest du die Schule verbessern?

Translate the sentences into German.

1. Every lesson is 50 minutes long.
2. The school day in England begins later than in Germany.
3. Mobile phones are banned in school.
4. In my opinion school uniform is more comfortable.
5. I did two hours of homework yesterday evening.

WRITING

3A SCHOOL/COLLEGE LIFE VOCABULARY GLOSSARY

abgehen	to leave (school)
das Abitur (-e)	German school-leaving exam
absolvieren	to complete (e.g. course)
die Arbeit (-en)	work, test
arbeiten	to work
die Aufgabe (-n)	task, exercise
das Examen (-)	examination
die Frage (-n)	question
die Klassenarbeit (-en)	class test
die Kursarbeit (-en)	coursework
der Leistungskurs (-e)	advanced course
markieren	to mark
mittlere Reife	(German GCSE)
das Niveau (-s)	level
die Note (-n)	mark, grade
die Nummer (-n)	number
die Probe (-n)	rehearsal, test
prüfen	to check, examine
die Prüfung (-en)	examination
das Resultat (-e)	result
das Rollenspiel (-e)	role play
ungenügend	unsatisfactory (mark/grade)
verbessern	to correct, improve
die Verbesserung (-en)	correction, improvement
das Zeugnis (-se)	school report
abschreiben	to copy
abwesend	absent
das Alphabet	alphabet
der Anfang (¨e)	start, beginning
anfangen	to start, begin
der Anfänger (-)	beginner
ankreuzen	to cross
anmelden	to register

der Anmeldezettel (-)	registration form
die Anmeldung (-en)	registration
anschauen	to look at
die Antwort (-en)	answer
aufmachen	to open (e.g. book, window)
aufpassen	to pay attention
aufschreiben	to write down
die Aufsicht (-en)	supervision
aus (die Schule ist ...)	over, at an end, out
ausbilden	to educate, instruct
die Ausbildung (-en)	education, training
die Aussprache (-n)	pronunciation
aussprechen	to pronounce
der Austausch (-e)	exchange
beantworten	to answer
bedeuten	to mean
die Bedeutung (-en)	meaning
das Beispiel (-e)	example
berichtigen	to correct
die Berichtigung (-en)	correction
der Berufsberater (-)	careers advisor
die Berufsberatung (-en)	careers advice
bestrafen	to punish
die Bestrafung (-en)	punishment
der Besuch (-e)	visit
der Brief (-e)	letter (post)
der Brieffreund (-e)	penfriend (male)
die Brieffreundin (-nen)	penfriend (female)
der Buchstabe (-n)	letter of the alphabet
buchstabieren	to spell
der Chor (¨er)	choir
das Datum (Daten)	date
dauern	to last
denken	to think
der Dialog (-e)	dialogue
der Direktor (-en)	headmaster
die Direktorin (-nen)	headmistress
das Ende (-n)	end
enden	to end
erziehen	to educate
die Erziehung (-en)	education

die Fachgruppe (-n)	(subject) department
falsch	incorrect, false
fehlen	to be missing
der Fehler (-)	mistake
Ferien (pl.)	holiday
fließend (-e)	fluent
das Formular (-e)	form (to fill in)
fragen	to ask
frei	free
gefallen	to please, to like
die Hausaufgabe (-n)	homework
der Hausmeister (-)	caretaker
Herbst-, Oster-, Sommerferien (pl.)	autumn, Easter, summer holidays
die Klasse (-n)	class
die Klassenfahrt (-en)	class trip
der/die Klassenlehrer(in) (-/-nen)	form teacher (m/f)
der/die Klassensprecher(in) (-/-nen)	form spokesperson (m/f)
das Klassenzimmer (-)	classroom
der Kollege (-n)	colleague (m)
die Kollegin (-nen)	colleague (f)
kompliziert	complicated
die Konferenz (-en)	meeting, conference
können	to be able to
die Konversation (-en)	conversation
künstlerisch	artistic
der Kurs (-e)	course
langweilig	boring
die Leistung (-en)	performance, achievement
lernen	to learn, study
der Letzte	last
die Liste (-n)	list
lösen	to solve
die Lösung (-en)	solution
machen	to make, do
malen	to paint
mangelhaft	insufficient (mark/grade)
die Mittagspause (-n)	lunch break
mündlich	oral
nachsitzen	to be kept in

die Oberstufe (-n)	sixth form
passen	to fit, match
die Pause (-n)	break
das Pflichtfach (¨er)	compulsory subject
richtig	right, correct
sagen	to say, tell
schreiben	to write
die Schulaufgabe (-n)	school work
die Schulfahrt (-en)	school trip
spielen	to play
stellen	to put, place, ask (questions)
streng	strict
der Student (-en)/der Schüler (-en)	student (m)
die Studentin (-nen)/die Schülerin (-nen)	student (f)
studieren	to study
die Stunde (-n)	hour, lesson
der Stundenplan (¨e)	timetable
tippen	to type/tap
turnen	to do gymnastics
üben	to practise
übersetzen	to translate
die Übersetzung (-en)	translation
unterrichten	to teach
verlassen	to leave
die Versammlung (-en)	assembly
verstehen	to understand
die Vertretung (-en)	supervision
vorlesen	to read out
wählen	to choose
das Wahlfach (¨er)	option subject
Werken (pl.)	craft
wiederholen	to repeat
wissen	to know
das Wort (¨er)	word
die Zahl (-en)	number
zeichnen	to draw
zensieren	to mark, censor
zuhören	to listen
zumachen	to close

die Aula (Aulen)	assembly hall
die Berufsschule (-n)	vocational school, college
die Bibliothek (-en)	library
der Gang (¨e)	corridor
die Ganztagsschule (-n)	all-day school
die Gesamtschule (-n)	comprehensive school
die Grundschule (-n)	primary school
das Gymnasium (-sien)	grammar/high school
die Hochschule (-n)	college, university
der Informatikraum (¨e)	ICT room
das Internat (-e)	boarding school
das Labor (e/s)	laboratory
der Medienraum (¨e)	media room
die Oberschule (-n)	(higher/upper school)
die Realschule (-n)	secondary school
der Schulhof (¨e)	playground
die Schulkantine (-n)	school canteen
das Studentenheim (-e)	student hostel
die Turnhalle (-n)	gymnasium
die Uni(versität) (-en)	university

der Bleistift (-e)	pencil
das Buch (¨er)	book
das Etui (-en)	case
der Filzstift (-e)	felt pen
das Heft (-e)	exercise book
das interaktive Whiteboard (-s)	interactive whiteboard
der Kalender (-)	calendar
der Kugelschreiber (-)	ball-point pen
das Papier (-e)	paper
der Projektor (-en)	projector
die Schulmappe (-n)	school bag, satchel
die Schuluniform (-en)	school uniform
das Wörterbuch (¨er)	dictionary

READING

Wähle das richtige Wort für jeden Satz.

Bethan: Ich finde englische Grammatik schwer zu verstehen. Ich würde lieber Spanisch lernen, weil es einfacher ist.

Paul: Chemie finde ich schwer. Ich möchte nächstes Jahr Biologie studieren, weil ich in der Zukunft als Tierarzt arbeiten will.

Emine: Ich mache viermal pro Woche Sport, deswegen habe ich keine Lust Sport auch in der Schule zu studieren. Ich würde lieber etwas Kreatives studieren.

Florian: Ich habe keine Zeit viele Bücher zu lesen. Ich hätte gern keine Deutschstunden!

Bethan: Ich möchte Englisch/eine neue Fremdsprache/Grammatik lernen.

Paul: Ich will mit Tieren/Kindern/Computern arbeiten.

Emine: Ich möchte Sport/Mathe/Kunst studieren.

Florian: Ich brauche neue Bücher/mehr Zeit/Hilfe.

EXTRA

Translate the four statements.

READING

Read the article and answer the questions in English.

Fünf Gründe, warum du Fremdsprachen lernen solltest

Für die meisten Leute fehlt die Zeit oder auch die Motivation, um eine Fremdsprache zu lernen. Ich möchte dir einige Gründe nennen, warum es wichtig ist.

1. Fit im Kopf

Wenn man Vokabeln und neue Grammatik lernt, ist das gut für das Gehirn. Leute, die zwei oder mehr Sprachen sprechen, leiden weniger oft an Krankheiten wie Alzheimer.

2. Mehr Spaß auf Reisen

Wenn du eine Fremdsprache sprichst, musst du nicht nur die normalen Touristenzentren besuchen. Leute sind offen und freundlich, wenn du ihre Muttersprache sprichst.

3. Woanders leben, arbeiten oder studieren

Es ist die perfekte Chance ein Abenteuer zu haben. Vielleicht hast du Glück und findest deinen Traumjob oder Traumpartner, während du im Ausland unterwegs bist.

4. Karriereboost

Unsere Welt wird immer globalisierter und die großen Firmen sind international mit Büros auf der ganzen Welt. Mitarbeiter mit guten Fremdsprachenkenntnissen verdienen oft mehr Geld.

5. Offener und toleranter

Eine Fremdsprache hilft dir, andere Menschen besser zu verstehen und die Welt mit anderen Augen zu sehen.

1. What often prevents people learning a language? Write **two** details.
2. What health benefits are described in reason 1?
3. According to reason 2, how do people react?
4. What does reason 3 suggest you could do? Write **two** details.
5. Which advantage is mentioned in reason 4?
6. Which benefits are mentioned in reason 6?

LISTENING

Listen to the two students and make notes. For each person say how their opinion of the subject has changed and why.

WRITING

Schreibe einen Satz zu jedem Thema.
- Was du gern lernst und warum
- Was du gestern gelernt hast
- Was du in der Zukunft lernen möchtest

EXTRA

Wie wichtig ist eine Fremdsprache?

SPEAKING

Role play
- Deine Fächer (**zwei** Details)
- ? Fächer
- Lieblingslehrer – warum
- Du – nächstes Jahr – Fächer
- Du – gestern – Hausaufgaben
- ? Prüfung

GRAMMAR

There are different ways to talk about things in the future:

- Ich werde eine neue Sprache lernen – I will learn (a new language)
- Ich möchte eine neue Sprache lernen – I would like to …
- Ich würde eine neue Sprache lernen, wenn ich mehr Zeit hätte – I would learn a new language, if I had more time

It's important to include a range of tenses in your work e.g.

- Present: Ich lerne Deutsch
- Past: Ich habe Deutsch gelernt
- Future: Ich werde Deutsch lernen

3B SCHOOL/ COLLEGE STUDIES (2)

READING

Read the results of this survey. Answer the questions in English.

60 Prozent der Schüler konzentrieren sich am besten zwischen 9 und 11 Uhr.

38 Prozent der Schüler gehen gern in die Schule.

18 Prozent der Schüler glauben, dass Englisch wichtiger als Französisch ist.

Sport ist laut der Studie das beliebteste Fach.

Ein Viertel fühlt sich in der Schule unter Druck.

Die Hälfte der Schüler lernt am liebsten mit elektronischen Medien – nur 15 Prozent mit Büchern.

1. What is the most popular subject according to the study?
2. What do 25% of students feel?
3. How do students prefer to learn? Write **two** details.
4. What do 60% of students agree on?
5. What is the opinion of 18% of students?
6. What percentage of students enjoy going to school?

It's important to keep revising numbers. See page 226.
Watch out for different ways of expressing statistics.

- 50 Prozent – 50%
- die Hälfte – half
- jeder zweite – one in two/every second
- ein Drittel – a third
- ein Viertel – a quarter
- mehr als – more than
- weniger als – less than
- über – over
- fast – almost

READING

Lies diese Passage aus dem Buch „Jungs sind wie Kaugummi" von Kerstin Gier. Sind die Sätze richtig (R), falsch (F) oder nicht im Text (NT)?

„Love is in the air", schrieb ich und kaute am Stift. Ich schreibe immer Lieder oder Gedichte, wenn ich inspiriert bin. Und heute war ich inspiriert.
  „Gibt es schon", sagte Valerie neben mir.
  „Was?"
  „Love is in the air gibt es schon", wiederholte Valerie und sang leise die Melodie.
  „Geometrie is in the air", sagte Valerie und lachte.
  „Wetten, du musst gleich wieder an die Tafel?"
Plötzlich war ich gar nicht mehr inspiriert.
  „Ein Rechteck ist sieben Komma fünf Zentimeter breit und drei Komma fünf Zentimeter lang", sagte unsere Mathelehererin. Sie malte das Rechteck an die Tafel. „Sissi, Wie lang ist ein Rechteck, das zehn Zentimeter breit ist?"
  Wie soll man das wissen? Warum sollte man das wissen. Ich finde Mathe zu kompliziert! Mit Faulheit hat das nichts zu tun. In den anderen Fächern war ich genauso faul.

1. Valerie ist in der 5. Klasse.
2. Die Mädchen sind in einer Musikstunde.
3. Die Mädchen sind in einer Mathestunde.
4. Sissi findet Mathe schwer.
5. Sissi bekommt schlechte Noten in der Schule.
6. Sissi arbeitet fleißig in allen Fächern.

READING

Translate the sentences into English.
1. Ich lerne gern Geschichte, weil ich gute Noten bekomme.
2. Ich lerne am liebsten Musik, weil ich gern Gitarre spiele.
3. Ich finde Mathe einfacher als Erdkunde.
4. Mein Englischlehrer ist immer hilfsbereit.
5. Ich würde gern eine neue Fremdsprache lernen.

LISTENING

Listen to the three people talking about their studies. Write notes for each person on:

- the subject(s) they are talking about
- opinion
- reason(s)

SPEAKING

Conversation
- Beschreibe deinen Stundenplan.
- Was ist dein Lieblingsfach? Warum?
- Lernst du gern Fremdsprachen? Warum (nicht)?
- Wie findest du Hausaufgaben?
- Was hast du gestern in der Schule gemacht/ gelernt?
- Was möchtest du in der Zukunft studieren?

WRITING

Schreibe über deine Schule. Schreibe einen Satz für jedes Thema.
- Deine Fächer
- Dein Lieblingsfach
- Hausaufgaben
- Der Schultag

EXTRA

- Beschreibe deinen idealen Stundenplan
- Was ist dein Lieblingstag? Warum?

3B SCHOOL/ COLLEGE STUDIES (3)

READING

Read the opinions of these six students.

Lara: Der Schultag beginnt zu früh und die Mittagspause ist zu kurz.

Andreas: Ich bin immer müde, weil ich im Moment nicht gut schlafe.

Bartosz: Das Schulleben ist so stressig. Ich spiele Computerspiele, um mich zu entspannen.

Sarah: Ich verbringe sechs Stunden pro Tag in der Schule. Dann muss ich nach der Schule Hausufgaben machen. Das finde ich schrecklich.

Karl: Ich bin immer nervös, wenn ich eine Prüfung habe.

Fatma: Leider verbringe ich nicht genug Zeit mit meinen Freunden.

Who has a problem with:

1. The school day
2. Sleep
3. Stress
4. Homework
5. Exams
6. Friends

READING

Read this magazine article. Answer the questions in English.

Mein Kind ist ein Schulschwänzer!

Warum geht mein Kind nicht in die Schule? Was kann ich tun, um zu helfen? Wie sieht die Zukunft aus? Viele Eltern stellen sich diese und weitere Fragen, wenn ihr Kind schwänzt. Erst muss man herausfinden, ob das regelmäßig passiert. Dann muss man die Gründe dafür suchen. Es gibt viele verschiedene Gründe, zum Beispiel Mobbing, Angst vor Prüfungen oder Familienprobleme.

Eltern müssen darauf achten, dass ihre Kinder die Schule besuchen. Man braucht Qualifikationen und eine gute Ausbildung, um eine Chance auf dem Arbeitsmarkt zu haben. Am besten spricht man direkt mit dem Kind und versucht eine Lösung zu finden. Ein Gespräch mit dem Klassenlehrer kann auch helfen.

1. What is the article about?
2. What questions do parents often ask? Write **two** details.
3. What is the first thing to find out?
4. Which reasons for the issue are mentioned? Write **two** details.
5. Why does the issue need to be tackled?
6. What advice is given? Write **two** details.

WRITING

Schreibe eine E-Mail über dein Schulleben.
Du kannst weitere Informationen angeben, aber du musst Informationen zu den folgenden Themen nennen:

- Prüfungen
- Hausaufgaben
- Schulstress

GRAMMAR

You can ask questions in two different ways.

1. With a question word:
   - Was lernst du in der Schule?
   - Wie stressig ist die Schule?

2. Or by switching the verb and pronoun:
   - Lernst du gern Informatik?
   - Ist die Schule stressig?

EXTRA

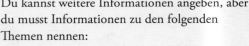

Make up five questions about school/college.

LISTENING

Höre dir dieses Interview an. Fülle die Tabelle auf Deutsch aus.

Die Zahl der Kinder in der Studie	
Die Alter der Kinder in der Studie	
Stresssymptome (Schreibe **zwei** Details auf)	
Prozent der Mädchen, die gestresst sind	
Stressfaktoren (Schreibe **zwei** Details auf)	

SPEAKING

Photo card
- Beschreibe das Foto/Was passiert auf diesem Foto?
- Wie findest du Prüfungen?
- „Das Schulleben ist stressig." Was sagst du dazu?
- Wie viel Schularbeit hast du gestern gemacht?
- „Jeder sollte eine Fremdsprache lernen." Was denkst du?

3B SCHOOL/ COLLEGE STUDIES VOCABULARY GLOSSARY

ausfallen	to be cancelled (e.g. lesson)
befriedigend	satisfactory (mark/grade)
die Biologie	biology
die Chemie	chemistry
das Deutsch(e)	German
DSP (darstellendes Spiel)	drama (subject)
einfach	easy, simple
das Englisch	English
die Erdkunde	geography
das Fach (¨er)	school subject
das Französisch(e)	French
die Fremdsprache (-n)	foreign language
furchtbar	terrible, awful
die Gemeinschaftskunde	social studies
die Geologie	geology
gern tun	to like doing things
die Geschichte (-n)	history, story
der Grundkurs (-e)	Foundation course
gut	good (mark/grade)
hassen	to hate
die Informatik	information technology
interessant	interesting
klasse	great
die Kunst (¨e)	art
langweilig	boring
das Latein	Latin
leicht	easy, light
das Lieblingsfach (¨er)	favourite subject
die Mathe(matik)	maths/mathematics
die Musik	music
die Naturwissenschaft (-en)	science
nützlich	useful

nutzlos	useless
die Physik	physics
praktisch	practical
prima	great
die Religion(slehre)	religious education
das Russisch(e)	Russian
schwer	difficult, heavy, serious
schwierig	difficult, hard
sehr gut	very good (mark/grade)
das Spanisch(e)	Spanish
Spaß machen	to be fun
der Sport	sport
das Theater	drama
toll	great
der Unterricht	lessons
die Wissenschaft (-en)	science

3A SCHOOL/COLLEGE LIFE
3B SCHOOL/COLLEGE STUDIES
GRAMMAR IN CONTEXT

GRAMMAR

1. SEPARABLE/INSEPARABLE VERBS

Which of these sentences contains a separable or inseparable verb?

1. Ich bekomme viele Schularbeit.
2. Ich habe gestern ferngesehen.
3. Ich komme um 7 Uhr an.
4. Ich verstehe nicht.
5. Wann fängt die Schule an?
6. Ich habe einen Preis bekommen.

Some verbs have a separable prefix. See page 215 for some examples.

2. WORD ORDER

Rewrite these phrases so the time phrase comes first.

1. Ich lerne jeden Tag Mathe.
2. Die erste Stunde beginnt um 9 Uhr.
3. Der Schultag endet um 15 Uhr.
4. Ich bekomme normalerweise viele Hausaufgaben.
5. Ich treibe Sport nach der Schule.

Word order

Remember that the verb is usually the second idea (not always the second word) in a German sentence.

3. IMPERFECT TENSE

Which word best completes the sentence – **hatte** or **war**?

1. Ich _____ viele Hausaufgaben.
2. Ich _____ nervös, weil ich eine Prüfung _____.
3. Er _____ nicht genug Zeit.
4. Ich _____ keine Lust, Grammatik zu lernen.
5. Es _____ sehr kompliziert.
6. Ich _____ müde.

> *ich hatte* – I had
>
> *er/sie/es hatte* – he/she/it had
>
> *ich war* – I was
>
> *er/sie/es war* – he/she/it was

4. NUMBERS

Fill in the gap in German.

1. Es gibt _____ (120) Klassenzimmer in meiner Schule.
2. Ich lerne _____ (11) Fächer.
3. Mein Klassenzimmer ist im _____ (4th) Stock.
4. Die Schule beginnt um ____ (8) Uhr _____ (30).
5. Die Schule wurde _____ (1993) gebaut.
6. _____ (38%) der Schüler gehen gern in die Schule.

> You will have to understand numbers in the exam as times, dates, percentages, ages, prices etc. You also need to learn ordinal numbers (first, second, third etc.) – for a full list see page 226.

5. TENSES REVIEW

Translate the sentences into English.

1. Ich gehe gern in die Schule.
2. Ich bin gestern mit dem Bus gefahren.
3. Ich habe letzte Woche Basketball nach der Schule gespielt.
4. Nach der Schule werde ich fernsehen.
5. Biologie war langweilig.

EXTRA

> Rewrite the sentences in different tenses.

> Present: *Ich lerne Deutch.*
>
> Past: *Ich habe Deutsch gelernt.*
>
> Future: *Ich werde Deutsch lernen.*

6. USING DIFFERENT TENSES

Choose the correct word to complete the sentence.

1. Ich werde nächstes Jahr Geschichte _____.
2. Ich habe letztes Jahr Mathe _____.
3. Ich _____ gern Sport.
4. Ich _____ gestern nicht genug Zeit.
5. Es ___ langweilig.
6. Ich _____ eine neue Sprache lernen, wenn ich mehr Zeit _____.

würde	lernen	gelernt	hätte
hatte	lerne	war	

> It's essential to be able to talk and write about events in the past, present and future tense. You also need to be able to recognise the past, present and future tense in reading and listening tasks.

THEME: IDENTITY AND CULTURE

UNIT 2

LIFESTYLE

4A HEALTH AND FITNESS (1)

READING

Read the two texts and choose the correct word to complete each sentence.

> Zum Frühstück esse ich normalerweise Obst. Das enthält viele Vitamine und ist gut für meine Haut. Manchmal esse ich eine Scheibe Toast dazu, aber keine Marmalade, weil die zu viel Zucker hat. Zum Mittagessen esse ich immer Salat, manchmal mit Thunfisch oder Schinken. Das ist billiger und gesünder als die Kantine. Abends gehe ich oft ins vegetarische Restaurant, weil das Essen lecker und gesund ist.

FRAU OLYMPIA

HERR FAULTIER

> Morgens esse ich immer ein großes Frühstück. Am liebsten esse ich gekochte Gerichte, zum Beispiel Spiegeleier, Speck oder Wurst. Danach esse ich gern etwas Süßes wie Berliner oder Toast mit Nutella oder Honig. Ich trinke Kaffee oder Energy Drinks, um aufzuwachen. Zum Mittagessen gehe ich immer ins Fast-Food Restaurant, um Pizza oder Hamburger zu essen. Dazu esse ich Pommes mit viel Salz darauf, deswegen habe ich Durst und trinke Cola oder einen Schokladenmilchshake.

EXTRA

Find the German for:
- breakfast
- skin
- a slice
- lunch
- tasty
- energy drinks
- salt

1. *Frau Olympia* **never/usually/rarely** has fruit for breakfast.
2. She thinks it's good for her **skin/nails/hair**.
3. For lunch she always eats **vegetarian food/food from the canteen/her own food**.
4. She thinks vegetarian food is **expensive/tasty/boring**.
5. *Herr Faultier* has **a big/a small/no** breakfast.
6. He prefers to have a **healthy/cold/cooked** breakfast.
7. He always **eats lunch at home/misses lunch/goes out for lunch**.
8. His lunch leaves him feeling **thirsty/tired/still hungry**.

In German you say Ich habe Hunger (literally I have hunger instead of I am hungry). Ich habe Durst means I am thirsty.

READING

Lies den Artikel. Welche fünf Sätze sind richtig?

Frozen Joghurt für Hunde

Das normale Milcheis für Menschen ist für Hunde nicht geeignet. Das Eis enthält Inhaltsstoffe wie Kuhmilch und Zucker, die bei einem Hund zu Durchfall führen können. Deswegen haben sich einige Firmen auf die Hunde-Eis Produktion spezialisiert.

Die Firma Eisdog sagt: „Unsere Zutaten sind 100% natürlich. Alle Eissorten enthalten Obst und Gemüse sowie einen kleinen Fleisch- oder Fischanteil. Im Moment werden drei verschiedene Sorten produziert: Wildlachs und Karotte, Rindfleisch und Karotte, Apfel und Banane."

Diese Produkte schmecken den kleinen und großen Vierbeinern richtig gut. Die Packung Eis kostet im Laden circa 4 Euro, aber nicht jedem Hund schmeckt diese Kombination. In diesem Fall kann man das Eis auch ganz leicht selber machen. Zum Einfrieren benutzt man am besten einen alten Joghurtbecher.

Sie sollten Ihrem Hund auch immer nur einmal am Tag eine kleinere Portion geben.

1. Milch und Zucker sind ungesund für Hunde.
2. Hunde können normales Milcheis ohne Probleme essen.
3. Die Firma benutzt natürliche Produkte.
4. Die Firma verkauft drei Sorten.
5. Es gibt nur Obst und Gemüse in diesen Produkten.
6. Die Firma produziert immer mehr Eissorten.
7. Eine Packung Eis für Hunde kostet ungefähr 4€.
8. Hunde können täglich eine große Portion essen.
9. Am besten essen Hunde dieses Produkt nur einmal pro Tag.
10. Eine Packung kostet mehr als vierzehn Euro.

EXTRA

Correct the five incorrect statements.

WRITING

Schreibe einen Artikel über deine Diät.
Du kannst weitere Information geben, aber du **musst** Information zum folgenden Themen schreiben:

- Was du normalerweise zum Frühstück isst und trinkst?
- Deine Meinung über Fast-Food?
- Wie gesund das Essen in der Schulkantine ist?
- Was du gestern gegessen und getrunken hast, um gesund zu sein?

Try to include more details in your sentences by using time phrases and adverbs of time and place:

- immer – always
- manchmal – sometimes
- ab und zu – now and then
- selten – rarely
- letzte Woche – last week
- nächste Woche – next week
- jeden Tag – every day
- am Freitag – on Friday
- freitags – on Fridays
- abends – in the evening

Listen to the report and answer the questions in English.
LISTENING

1. What is the report about?
2. What has happened since 2006?
3. What does the statistic of 9% relate to?
4. What does the statistic of 4% relate to?
5. Why is this trend more likely to be seen in cities?
6. Which was the main reason given for this lifestyle choice?

GRAMMAR
In main clauses the **verb** is always the second idea (*not* always the second word):

- Ich **esse** zum Frühstück eine Scheibe Toast.
- Zum Frühstück **esse** ich eine Scheibe Toast.

See page 223.

Photo card
SPEAKING

- Beschreibe das Foto/Was passiert auf diesem Foto?
- Isst du gern Fast-Food?
- „Gesundes Essen ist nicht sehr lecker." Was sagst du dazu?
- Was wirst du nächsten Samstag machen, um gesund zu sein?
- Wie wichtig ist eine gesunde Diät?

4A HEALTH AND FITNESS (2)

Lies den Artikel und fülle die Lücken auf Deutsch aus.

Karriere: Monoskifahrerin Anna Schaffelhuber hat _____(1) Gold bei den Paralympics in Sotschi, Russland _____(2). „Vor dem ersten Rennen war ich _____(3), aber im Slalom habe ich Gold bekommen. Danach war alles gut."

Wohnort: Sie wurde in Regensburg geboren. Sie wohnt seit dem _____(4) 2011 in München, wo sie Jura an der Universität studiert hat.

Kindheit: Anna ist seit ihrer Geburt querschnittsgelähmt.* „Ich habe schnell gelernt, meine _____(5) nicht als Handicap zu sehen. Der Rollstuhl ist für mich absolut _____(6). Das Skifahren ist _____(7) Leben!"

Trainieren: „Ich muss täglich trainieren. Natürlich _____(8) ich mit einer höheren Intensität vor einem Wettbewerb."

* querschnittsgelähmt = paraplegic

mein	nervös	trainiere
gewonnen	fünfmal	normal
Sommer	Krankheit	

Use of *seit*

Remember that **seit** can be used with the present tense in German to say how long you have been doing something for.

- Ich spiele seit sechs Jahren Basketball – I have been playing basketball for six years (and still do!)
- Ich bin seit drei Jahren Vegetarier – I've been a vegetarian for three years (and still am!)

Write three sentences using seit to say how long you have been doing something.

Role play
- Du – Gesundheit
- ? Sport
- Fast-food – Meinung
- Du – gestern – Essen
- ? Frühstück
- Du – nächste Woche – Sport

Read this extract from „Alles dreht sich" by Rosemarie Eichinger. Answer the questions in English.

Fragen explodieren in meinem Kopf. Wie? Warum? Wie? Warum? Keine Antwort darauf. Jeder Versuch, eine zu finden, wäre zwecklos. In meinem Kopf dreht sich alles. Ich kann mich nicht konzentrieren. Ich bleibe stehen und schließe die Augen. Tief durchatmen, Perspektive ändern. Wie geht das noch mal? Ich erinnere mich an den Yogakurs. Meine Mutter schleppte mich eines Tages hin. Ist schon ein paar Monate her.

„Yoga ist genau das Richtige", sagt sie.

Yoga ist nicht genau das Richtige. Nicht für mich. Das habe ich ich in der ersten Stunde herausgefunden. Ich hasse Fitnessstudios. Kollektives Schwitzen ist nicht mein Ding. Meine Mutter ignoriert das.

„Ich hab für einen Monat bezahlt. Du gehst für einen Monat hin!" Sie bleibt hart.

Zweimal die Woche, einen Monat lang sitze ich auf meiner Matte und atme heftig. Ich höre nichts, hyperventiliere und falle zu Boden. Die Yogalehrerin findet das ganz toll und lobt meinen Enthusiasmus. Mein Kopf tut weh.

1. What impression do you get of the author's state of mind in the first few lines?
2. Which activity is she remembering?
3. Whose idea was it to do this activity?
4. What did the author think of the activity? How long did it take her to form an opinion?
5. Why did her mum insist she kept going?
6. What went wrong in one of the sessions?

Adjectives can be turned into nouns by:

- Adding **-e** to the end of the adjective
- Making the first letter a capital
- Putting **der/die** or **das** in front

- deutsch – **der** Deutsche (male) or **die** Deutsche (female)
- richtig – **das** Richtige (the right thing)

See page 221.

Listen to the advert and answer the questions in English.

1. Why is it a good time to join?
2. What are the opening times?
3. How much does it cost to park?
4. What is the special offer in April?
5. What will you have the opportunity to do? Write **two** details.
6. How can you take advantage of the offer?

Some useful phrases are:

- sowohl ____ als auch ____ – ____ as well as _____

- sowohl lecker als auch gesund – tasty as well as healthy
- weder ____ noch ____ – neither ____ nor ____
- weder lecker noch gesund – neither tasty nor healthy

Translate the paragraph into German.

My diet is very healthy. For breakfast I usually eat fruit. I drink apple juice or coffee. My brother is very sporty and plays football three times a week. I went to the sports centre last week to play tennis. It was great.

It's important to be able to give opinions in the past tense:

- Es war …
- Meiner Meinung nach war das …
- Ich habe das _____ gefunden/Ich fand das …
- Es hat mir (nicht) gut gefallen …

4A HEALTH AND FITNESS (3)

Read the report.

Die Deutschen kaufen immer mehr E-Zigaretten, aber die sind keine gesunde Alternative zum Rauchen. Obwohl sie keinen Tabak enthalten, findet man in der Flüssigkeit („Liquid") Nikotin, Glyzerin und andere Chemikalien, die oft eine negative Wirkung auf die Lungen haben. Es gab auch neulich Probleme mit explodierenden Batterien. E-Zigaretten haben oft Aromastoffe wie Erdbeere, Vanille oder Kokosnuss und diese Geschmäcker sind besonders für Kinder und Jugendliche attraktiv. Laut Gesundheitsorganisationen braucht man strengere Kontrollen, um junge Leute zu schützen.

Find the German for:

- healthy alternative
- tobacco
- contain
- flavours
- health organisations
- protect

EXTRA

Write a brief summary in English of the text.

READING

Read the article and answer the questions in English.

Die Welt ist zu dick

Übergewicht ist zu einer weltweiten Epidemie geworden, warnen Experte schon lange. Gesundheitsorganisationen berichten, dass eineinhalb Milliarden Menschen übergewichtig sind, 500 Millionen davon sogar fettleibig.

Die Zahl der fettleibigen Menschen weltweit hat sich in den vergangenen 30 Jahren fast verdoppelt – und zwar auf eine halbe Milliarde.

Für die Untersuchung hat man Daten von 9,1 Millionen Erwachsenen aus 199 Ländern und Regionen ausgewertet. Der sogenannte Body-Mass-Index (BMI)

zeigt, wer fettleibig ist und wer nicht. Bei Werten über 25 spricht man von Übergewicht, bei einem BMI über 30 von Fettleibigkeit.

Die Ergebnisse der Studie im Überblick:

- 16,8 Prozent der Frauen und 11,8 Prozent der Männer waren weltweit fettleibig.
- In den reichen Ländern leben die meisten Übergewichtigen in den USA und Neuseeland. Das geringste Problem mit Fettleibigkeit hat Japan.
- Weltweit hatten Frauen im Durchschnitt einen BMI von 23,8 und Männer einen von 24,1. In reichen Regionen waren Männer stärker übergewichtig als Frauen. In ärmeren Staaten war es umgekehrt.
- In Europa hatten Frauen in der Schweiz den durchschnittlich niedrigsten BMI-Wert, türkische Frauen den höchsten.
- Weltweit ist der BMI in Bangladesch bei den Frauen und in der afrikanischen Republik Kongo bei den Männern am niedrigsten.

1. What warning is given by experts?
2. According to health organisations, how many people are classed as obese?
3. What has happened to the number of obese people in the last 30 years?
4. Write **two** details about the size of the study.
5. What do the BMI figures of 25 and 30 represent?
6. Which country had the smallest problem with obesity?
7. In which European country did women have the lowest BMI?

GRAMMAR

To change a verb into a noun you change the first letter of the verb to a capital e.g.

- schwimmen – das Schwimmen
- rauchen – das Rauchen
- essen – das Essen

LISTENING

Höre dir dieses Interview an. Wähle die richtige Antwort.

1. Die meisten junge Leute sind ..., wenn sie das erste Mal Alkohol trinken.
   a. älter als 15
   b. fast 15
   c. 16
2. Die Schlagzeile „Jugendliche trinken immer früher Alkohol" ist ...
   a. richtig
   b. wahr
   c. falsch
3. ... Prozent der jungen Erwachsenen haben Alkohol probiert.
   a. 96
   b. 69
   c. 90
4. ... Prozent der 12–17 Jährigen haben nie Alkohol probiert.
   a. 31
   b. 69
   c. 30
5. 38 Prozent der jungen Erwachsenen zwischen 18 und 25 trinken ...
   a. einmal pro Monat
   b. nicht
   c. mindestens einmal pro Woche

SPEAKING

Conversation

- Treibst du gern Sport? Warum (nicht)?
- Wie gesund ist deine Diät? Warum sagst du das?
- Gehst du gern ins Fast-Food Restaurant?
- Was hast du letzte Woche gemacht, um fit zu bleiben?
- Was wirst du nächste Woche machen, um gesund zu sein?
- Ist Rauchen ein großes Problem für junge Leute? Warum (nicht)?

WRITING

Schreibe einen Blog über „Gesundheit und junge Leute" auf Deutsch.

Gib Informationen, Beispiele und Erklärungen für deine Meinungen:

- Wie wichtig ist eine gesunde Diät?
- Was sind die positive Aspekte von Sport?
- Was könnten junge Leute tun, um eine gesünderes Leben zu haben?

READING

Translate the sentences into English.

1. Immer mehr deutsche Teenager interessieren sich für ihre Gesundheit.
2. Mehr als 70 Prozent der Deutschen haben nie geraucht.
3. Ich werde nie Alkohol trinken, weil es schlecht für die Gesundheit ist.
4. Ich würde öfter ins Schwimmbad gehen, wenn es billiger wäre.

4A HEALTH AND FITNESS VOCABULARY GLOSSARY

abhängig	addicted
die Abhängigkeit (-en)	addiction
der Alkohol	alcohol
die Droge (-n)	drug(s)
die E-Zigarette (-n)	e-cigarettes
das Rauchen	smoking
rauchen	to smoke
die Sucht (¨e)	addiction
süchtig	addicted
abnehmen	to lose weight
die Diät (-en)	diet (losing weight)
die Ernährung	diet (nutrition)
die Essstörung (-en)	eating disorder
die Fettleibigkeit (-en)	obesity
die Magersucht	anorexia
die Allergie (-n)	allergy
allergisch	allergic
der Arm (-e)	arm
der Arzt (¨e)	doctor
atemlos	breathless
das Auge (-n)	eye
ausruhen (sich)	to rest
der Bauch	belly, abdomen
behandeln	to treat
die Behandlung	treatment
das Bein (-e)	leg
das Blut	blood
bluten	to bleed
brechen	to break
der Durchfall	diarrhoea
erholen (sich)	to recover
die Erholung	recovery

die Erkältung (-en)	cold
erleiden	to suffer
ernst	serious
fallen	to fall
das Fieber (-)	fever, temperature
der Finger (-)	finger
fit	fit
der Fuß ("e)	foot
gesund	healthy
die Gesundheit	health
das Gesundheitsrisiko	health risk
die Grippe	influenza, flu
der Hals	neck, throat
Halsschmerzen (pl.)	sore throat
die Hand ("e)	hand
die Hilfe (-n)	help, aid
impfen	to vaccinate
die Impfung	vaccination
die Klinik (-en)	clinic, hospital
der Kopf	head
Kopfschmerzen (pl.)	headache
der Körper (-)	body
krank	ill
das Krankenhaus ("er)	hospital
der Krankenwagen (-)	ambulance
der Magen	stomach
die Magenschmerzen	stomach ache
das Medikament (-e)	medicine
die Medizin	medicine
müde	tired
der Mund	mouth
normal	normal
das Ohr (-en)	ear
Ohrenschmerzen	earache
die Operation (-en)	operation
der Optiker/die Optikerin	optician
die Pille (-n)	pill
die Praxis (Praxen)	surgery
das Rezept (-e)	prescription, recipe
der Rücken	back
die Salbe (-n)	ointment, cream

sauber	clean
der Schmerz (-en)	pain
der Schnupfen (-)	cold
die Schulter (-n)	shoulder
schwach	weak
der Sonnenbrand (¨e)	sunburn
stark	strong
sterben	to die
der Stich (-e)	sting
das Symptom (-e)	symptom
die Tablette (-n)	tablet
der Termin (-e)	appointment
tot	dead
der Tropfen	drop
übergeben (sich)	to vomit
der Unfall (¨e)	accident
ungesund	unhealthy
der Verband (¨e)	bandage, dressing
verletzen	to injure
die Verletzung (en)	injury
verstauchen	to sprain
weh tun (sich)	to hurt
die Wunde (-n)	wound
der Zahn (¨e)	tooth
der Zahnarzt (¨e)	dentist
die Zahnschmerzen (pl.)	toothache
das Aerobic	aerobics
die Bewegung (-en)	exercise
draußen	outdoors
drinnen	indoors
das (Eis)Hockey	(ice) hockey
das Eislaufen	ice-skating
das Fitnessstudio (-s)	gym
der Fußball	football
die Gymnastik	exercises, keep fit
Klettern	to climb
die Leichtathletik	athletics
die Mannschaft (-en)	team
das Mitglied (-er)	member
Rad fahren	to cycle

Reiten gehen	to go horse riding
das Rugby	rugby
das Schwimmbad (¨er)	swimming pool
Schwimmen (-en)	to swim
Sport treiben	to take part in sport
die Sportschau (-s)	sport programme
Tanzen	to dance
das (Tisch)Tennis	(table) tennis
das Turnen	gymnastics
die Wanderung (-en)	walk/hike

4B ENTERTAINMENT AND LEISURE (1)

Read what Alicia and Timo say. What are they talking about?

Ich spiele täglich Computerspiele und es geht mir auf die Nerven, wenn man nur negative Geschichten in der Presse hört. Computerspiele haben viele positive Auswirkungen, zum Beispiel Sie können die Hand- und Augenkoordination verbessern. Sie steigern die Reaktionszeit und fördern die Kreativität. Meiner Meinung nach ist die Gewalt in den meisten Spielen harmlos und ist gut gegen Stress.

ALICIA

Wenn ich mich entspannen will, spiele ich ab und zu Computerspiele, aber mein Bruder spielt jeden Tag stundenlang. Das ist zu viel. Ich würde sagen, dass er spielsüchtig ist. Wenn er nicht spielen darf, ist er agressiv und launisch. Einige Computerspiele sind zu gewalttätig. Er hat Probleme mit der Konzentration in der Schule und bekommt deswegen schlechte Noten.

TIMO

Who says the following? Alicia or Timo, or both?

1. Computer games help hand–eye coordination.
2. Computer games are too violent.
3. I play computer games.
4. I play computer games every day.
5. Computer games are criticised in the media.
6. A member of my family is addicted to computer games.
7. Violence in computer games doesn't do any harm.
8. Playing computer games helps me to relax.

Watch out for different ways to make a sentence negative:

- nicht – not
  Er darf **nicht** Computerspiele spielen.
- kein – no
  Er hat **keine** Computerspiele gekauft, weil er **nicht** genug Geld hatte.
- nie – never
  Er spielt **nie** Computerspiele.

Separable/Inseparable verbs in the past tense (perfect)

Separable verbs form a one word past participle with the **ge-** in the middle of the verb and the prefix:

- Ich habe gestern fern**ge**sehen.

Inseparable verbs don't add **ge-** to form the past participle:

- Ich habe das Museum **besucht**.

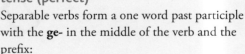

Read the blog and answer the questions in English.

Leben ohne Fernseher – ist das für mich möglich?

Normalerweise sehe ich ein paar Stunden (okay manchmal mehr!) pro Tag fern, aber das ist eine dumme Gewohnheit. Ich habe mich entschieden für einen Monat ohne Fernseher zu leben.

Hier sind meine Hauptgründe:

1. Es gibt zu viele dumme Serien und Casting-Shows, wo es mir egal ist, wer gewinnt.
2. Ich werde mehr Zeit für Projekte, wie Sport, Kunst und Lernen, haben.
3. Ich esse immer ungesunde Snacks, wenn ich vor der Glotze sitze.
4. Werbung! Muss ich mehr sagen?
5. Ich werde mehr Zeit zum Lesen haben.
6. Kabelfernsehen ist unglaublich teuer – Ich werde viel Geld sparen!

1. What specifically is the author of the blog planning to do?
2. What doesn't interest him about talent shows?
3. What is the author hoping to have more time to do? Write **three** details.
4. Why might this plan also improve his health?
5. What other benefit will there be?

Höre diese Werbung. Fülle die Tabelle auf Deutsch aus.

Öffnungszeiten	
Preise	
Sonderangebote	
Andere Details	
Snacks	

Schreibe einen Satz für jedes Thema.
- Dein Lieblingshobby
- Dein Lieblingsfilm
- Deine Lieblingsmusik
- Deine Meinung über Computerspiele
- Was du letzte Woche in deiner Freizeit gemacht hast

Gib Informationen, Beispiele und Erklärungen für deine Meinungen

Photo card
- Beschreibe das Foto/Was passiert auf diesem Foto?
- Spielst du gern Computerspiele? Warum (nicht)?
- „Hobbys sind sehr wichtig." Was sagst du dazu?
- Was hast du letzte Woche in deiner Freizeit gemacht?
- Was wäre dein ideales Wochenende?

4B ENTERTAINMENT AND LEISURE (2)

READING

Sechs junge Leute beschreiben, was sie gekauft haben. Fülle die Lücken aus.

Ali: Ich habe ein Geburtstagsgeschenk für meine Freundin im _____(1) gekauft. Sie ist sehr sportlich und braucht neue Turnschuhe und einen Tennisschläger.

Valentina: Ich interessiere mich für Mode. Es gibt ein neues _____(2), wo ich Designerkleidung gekauft habe.

Oskar: Nach den langen Sommerferien beginnt am Montag wieder die Schule. Ich habe keine Bleistifte oder Papier, deswegen muss ich ins _____(3) gehen.

Silke: Wenn Muttertag ist, gehe ich immer ins _____ (4), um Rosen zu kaufen.

Max: Meine Smartphonebatterie ist kaputt. Ich werde morgen ins _____(5) gehen.

Nina: Ich wollte neue Kleidung kaufen, aber ich hatte Kopfschmerzen, deswegen habe ich Tabletten in der _____ (6) gekauft. Dann bin ich sofort nach Hause gegangen.

Handygeschäft	Blumengeschäft
Kleidungsgeschäft	Sportgeschäft
Bäckerei	Post
Apotheke	Bioladen
Schreibwarengeschäft	

READING

Read this extract from „Ich kauf nix!" by Nunu Kaller. Answer the questions in English.

Seit ich ein Teenager war kaufe ich gerne Kleidung. Einkaufen ist einfach ein wunderbares Hobby. Man kann den Stress des Alltags schnell vergessen, weil man einfach nur darüber nachdenkt, wie dieses Kleid in Kombination mit den roten Stiefeln zu Hause aussehen würde.

Einkaufen macht glücklich, es gibt einen Kick. Ich kann gar nicht mehr zählen, wie oft ich nach richtig

LISTENING

Listen to these two young people talking about shopping. Are the sentences (1–8) true or false?

Lukas:
1. Lukas likes online shopping.
2. Lukas goes shopping in town.
3. Lukas likes to try things on.
4. Lukas is patient.

Angela:
5. Angela never shops online.
6. Angela saves money shopping online.
7. Her local shops are small.
8. She prefers the flexibility of online shopping.

EXTRA

Now write your own paragraph describing how you prefer to shop.

langweiligen Tagen im Büro mit einem neuen Paar Schuhe oder einem neuen Pullover nach Hause gekommen bin. Aber auch wenn es mir richtig gut geht, gehe ich shoppen.

Der Kick – ganz wie bei einem klassischen Junkie auf Droge – hält nur kurz an! Meistens denke ich schon an nächste Einkäufe, während ich ein neues Stück zu Hause auspacke.

Ich werde eine Shoppingdiät machen, das heißt, ein Jahr lang keine neue Kleidung kaufen. Ich werde über mein Projekt bloggen, um mich zu motivieren.

1. What is the author's hobby?
2. How long has she done this for?
3. What does she like about it?
4. What impact does her job have on her hobby?
5. What does she compare herself to?
6. What does she plan to do?
7. What will keep her motivated?

Translate the paragraph into English.

Meiner Meinung nach ist es sehr wichtig viele Hobbys zu haben. Ich höre gern Musik oder sehe in meinem Schlafzimmer fern. Ich bin letzte Woche mit meinem Bruder ins Kino gegangen. Er hat den Film lustig gefunden, aber ich sehe lieber Krimis. Danach haben wir in einem italienischen Restaurant neben dem Kino gegessen.

Role play
- Musik – Meinung
- **?** Fernsehen
- Kino – **zwei** Details
- **?** Hobbys
- Du – letzte Woche – Freizeit
- Du – ideales Wochenende

Translate the sentences into German.
1. I like playing computer games with my friends.
2. Last Saturday we went to the cinema and saw a brilliant film.
3. What are your favourite hobbies?
4. I will go to the shopping centre next week, because it's my sister's birthday soon.
5. I would eat in restaurants more often if I had more money.

Plurals of nouns
German nouns form the plural in different ways. There are some patterns but it's best to learn the gender and the plural form when you are learning new nouns. See page 212.

Most feminine words add **-n** or **-en**:

- Drogen

Most masculine words add **-e**:

- Filme

Many 'foreign' words add **-s**:

- Restaurants

Giving extra details
Add as much detail to your sentences as possible and give opinions and justifications.

- Ich gehe ins Einkaufszentrum.
- Ich gehe jeden Samstag ins Einkaufszentrum.
- Ich gehe jeden Samstag mit meinen Freunden ins Einkaufszentrum.
- Ich gehe jeden Samstag mit meinen Freunden ins Einkaufszentrum. Ich kaufe gern Kleidung.
- Ich gehe jeden Samstag mit meinen Freunden ins Einkaufszentrum. Ich kaufe gern Kleidung, weil ich mich für Mode interessiere.

READING

Read this report and match 1–6 to a–f.

Wie verbringen die Schweizer ihre Freizeit?

Laut einer Umfrage haben die Schweizer fast 12 Stunden Freizeit pro Tag. 55% der Schweizer sind damit zufrieden.

- 67 Prozent der Schweizer lesen in ihrer Freizeit Zeitungen und Zeitschriften.
- Rund 78 Prozent der Schweizer surfen im Internet als Freizeitaktivität.

- Ob im Auto oder in der Küche, 90 Prozent der Schweizer hören gern Radio.
- Musik machen ist auch populär. 46 Prozent der Schweizer spielen ein Instrument.
- Fernsehen ist immer noch sehr beliebt. 97 Prozent der Befragten gaben an, regelmäßig vor dem Fernseher zu sitzen.

1. 55% of people
2. 67% of people
3. 78% of people
4. 90% of people
5. 46% of people
6. 97% of people

a. Enjoy listening to music.
b. Enjoy reading.
c. Are happy with the amount of free time they have.
d. Use the Internet in their free time.
e. Watch TV regularly.
f. Enjoy playing music.

LISTENING

Listen to this report and answer the questions in English.
1. Which **two** things often prevent people from having a hobby?
2. How many Germans put their job first?
3. Write **two** 'traditional' hobbies mentioned in the report.
4. What device is needed for Geocaching?
5. What device is needed for ghost hunting?
6. How is the ukulele described?

Lies den Artikel. Welche vier Sätze sind richtig?

Stress am Wochenende?

In der Woche ist das Leben oft sehr hektisch. Wir freuen uns auf das Wochenende – endlich mehr Zeit und weniger Stress. Leider ist das bei vielen Menschen in Deutschland nicht der Fall. Viele Deutsche können am Samstag und Sonntag den Stress der Arbeitswoche nicht vergessen.

Schüler und Studenten sind besonders im Stress. Fast 70 Prozent von ihnen fühlen sich am Wochenende müde. Sie müssen oft jobben, um Geld zu verdienen. Dazu kommen noch Hausaufgaben und dann hat man wenig Zeit sich zu entspannen.

45 Prozent der Frauen und 33 Prozent der Männer sind auch am Samstag und Sonntag voll im Stress. Der Hauptgrund ist die Arbeit. Wegen der Smartphones sind wir immer erreichbar und es ist zu einfach E-Mails schnell zu checken.

Wie kann man das besser machen? Finden Sie am besten ein Wochenend-Ritual. Frühstück im Bett oder Spaziergang mit dem Hund. Nehmen Sie sich Zeit für Familie und Freunde. Faulenzen ist okay – lange schlafen oder ein Buch lesen.

1. Das Wochenende ist immer entspannend.
2. Die meisten Deutschen haben einen Hund.
3. Viele Deutsche finden das Wochenende stressig.
4. Viele Schüler müssen auch am Samstag und Sonntag arbeiten.
5. Es ist einfach die Arbeitswoche zu vergessen.
6. Wegen der Handys ist es schwer, die Arbeit zu vergessen.
7. In der Woche essen viele Teenager nichts zum Frühstück.
8. Man sollte Zeit mit Familie und Freunden verbringen, um zu chillen.

Find the German for:
- to look forward to
- to forget
- to earn
- to relax
- to take
- to sleep

Es gibt is a useful phrase meaning there is/are:

- Es gab – there was/were
- Es gibt viel zu tun.
- Es gab mehr zu tun.

Conversation

- Was machst du gern in deiner Freizeit?
- Was ist dein Lieblingsfilm? Warum?
- „Kino ist besser als Fernsehen." Was sagst du dazu?
- Was hast du gestern in deiner Freizeit gemacht?
- Was wirst du nächsten Samstag machen?
- Wie würdest du Freizeitaktivitäten in deiner Gegend verbessern?

Schreib ein E-Mail an deinen deutschen Freund.

Du kannst weitere Informationen angeben, aber du musst Informationen zu den folgenden Themen nennen:

- Deine Hobbys
- Was du letzte Woche in deiner Freizeit gemacht hast
- Was du nächstes Wochenende machen wirst, um zu chillen
- Fernsehen (Meinungen)

Some common impersonal verbs are only used in the es form:

- Es geht mir gut – I am well
- Es tut mir leid – I am sorry
- Es schmeckt mir – It's tasty
- Es gefällt mir – I like it

4B ENTERTAINMENT AND LEISURE VOCABULARY GLOSSARY

der Abenteuerfilm (-e)	adventure film
der Dokumentarfilm (-e)	documentary
fernsehen	to watch TV
der Fernseher (-)	TV set
der Film (-e)	film
der Horrorfilm (-e)	horror film
die Kindersendung (-en)	children's programme
das Kino (-s)	cinema
die Komödie (-n)	comedy
der Krimi (-s)	crime show/story/film
die Liebesgeschichte (-n)	love story
die Lieblingssendung (-en)	favourite programme
die Musiksendung (-en)	music programme
die Nachrichten (-en)	news
das Programm (-e)	TV channel
die Quizsendung (-en)	quiz show
der/die Schauspieler(in) (-/-nen)	actor
die Seifenoper (-n)	soap opera
die Sendung (-en)	programme
die Serie (-n)	series, serial
die Sportsendung (-en)	sports programme
die Talkshow (-s)	chat show
der Trickfilm (-e)	cartoon
der Zeichentrickfilm (-e)	cartoon
das Angeln (-e)	angling, fishing
anrufen	to phone
der Ausflug (¨e)	trip
das Ballett (-e)	ballet
beginnen	to begin
blöd	stupid
das Brettspiel (-e)	board game

die Briefmarke (-n)	stamp
einladen	to invite
die Einladung (-en)	invitation
die Freizeit	free time
der Freizeitpark (-s)	leisure park
furchtbar	terrible
gehen	to go
gewinnen	to win
hassen	to hate
interessant	interesting
der Jugendklub (-s)	youth club
das Jugendzentrum (-zentren)	youth centre
die Kamera (-s)	camera
die Karte (-n)	ticket
kegeln	to bowl
komisch	funny, amusing
das Konsolenspiel (-e)	console game
langweilig	boring
lieben	to love
das Lotto	national lottery
lustig	funny
meinen (-en)	to think, say, mean
die Meinung (-en)	opinion
mögen	to like
die Party (-s)	party
Rad fahren	to cycle
sammeln	to collect
die Sammlung (-en)	collection
das Schachspiel (-e)	chess
stattfinden	to take place
toll	great
(sich) treffen + mit	to meet
die Unterhaltung	entertainment
die Verabredung (-en)	appointment, date
verdienen	to earn
der Verein (-e)	club
vorziehen	to prefer

ausgeben	to spend (money)
ausgehen	to go out
der Einkauf (Einkäufe)	shopping
einkaufen	to go shopping
das Einkaufszentrum (-zentren)	shopping centre
das Geld	money
das Geschenk (-e)	present
kaufen	to buy
kosten	to cost
sparen	to save
das Taschengeld	pocket money
verkaufen	to sell
die Band (-s)	band
die Blockflöte (-n)	recorder (instrument)
die Disko (-s)	disco
die Flöte (-n)	flute
die Geige (-n)	violin
die Gitarre (-n)	guitar
die Gruppe (-n)	group
hören	to hear, listen to
das Instrument (-e)	instrument
das Klavier (-e)	piano
das Lied (-er)	song
die Musik	music
die Oper (-n)	opera
das Orchester (-)	orchestra
die Popmusik	pop music
das Radio (-s)	radio
die Rockmusik	rock music
der/die Sänger(in) (-/-nen)	singer
das Schlagzeug (-e)	drums
singen	to sing
tanzen	to dance
die Trompete (-n)	trumpet
üben	to practise

lesen	to read
der Roman (-e)	novel
das Sachbuch (¨er)	non-fiction book
die Zeitschrift (-en)	magazine
die Zeitung (-en)	newspaper

4A HEALTH AND FITNESS
4B ENTERTAINMENT AND LEISURE
GRAMMAR IN CONTEXT

GRAMMAR

1. WORD ORDER

How many different sentences can you make from the following words?

1. zum esse ich normalerweise Toast Frühstück Honig mit.
2. trinke viel oder Apfelsaft Tag jeden Wasser ich.
3. gehe ich ins abends oder esse Hause zu Restaurant italianisches.
4. am esse indisches liebsten ich Essen.

Remember that the verb is always the second idea (*not* always the second word) in a main clause:

- *Ich trinke normalerweise eine Dose Cola pro Tag.*

- *Normalerweise trinke ich eine Dose Cola pro Tag.*

2. ADJECTIVES USED AS NOUNS

Turn these adjectives into nouns.

1. verwandt (male relative)
2. verwandt (female relative)
3. wichtig
4. best
5. neu
6. angestellt (female employee)

Adjectives can be turned into nouns by:

1. Adding -e to the end of the adjective

2. Making the first letter a capital

3. Putting der/die or das in front

3. OPINIONS IN THE PAST TENSE

Rearrange the words to give an opinion in the past tense.

1. gut hat mir es gefallen
2. war sehr ein interessant aber bisschen es lang zu
3. habe gefunden faszinierend ich Kunstgalerie die
4. Bruder hat war dass mein es gesagt langweilig
5. schrecklich teuer und Karten Film der die waren war

4. PERFECT TENSE – SEPARABLE/ INSEPARABLE VERBS

Put these sentences into the perfect tense.

1. Mein Bruder sieht gern fern.
2. Meine Schwester besucht das Stadion.
3. Ich lade Fotos hoch.
4. Er lädt Musik herunter.
5. Ich benutze oft das Internet.

> Separable verbs form a one word past participle with the ge- in the middle of the verb and the prefix. Inseparable verbs don't add ge- to form the past participle. See page 215.

5. PLURAL OF NOUNS

Find the plural of the following words.

1. Kino
2. Kombination
3. Geschäft
4. Hobby
5. Schule
6. Sportschuh

> Most feminine words add -n or -en:
> - *Drogen*
>
> Most masculine words add -e:
> - *Filme*
>
> Many 'foreign' words add -s:
> - *Restaurants*

6. IMPERSONAL VERBS

Translate the sentences into English.

1. Es gibt ein Kino in der Stadtmitte.
2. Es gab nicht viel für junge Leute.
3. Es tut mir leid.
4. Es gefällt mir gut.
5. Es hat mir gut geschmeckt.

> Some common impersonal verbs are only used in the *es* form. See page 220.

THEME: LOCAL, NATIONAL, INTERNATIONAL AND GLOBAL AREAS OF INTEREST

UNIT 2

GERMANY AND GERMAN-SPEAKING COUNTRIES

5A LOCAL AND REGIONAL FEATURES AND CHARACTERISTICS (1)

Lies die Informationen über die Länder. Sind die Sätze Richtig (R), falsch (F) oder nicht im Text (NT)?

	DEUTSCHLAND	ÖSTERREICH	DIE SCHWEIZ
Offizielle Sprache(n)	Deutsch	Deutsch	Deutsch, Französisch, Italienisch, Rätaromanisch
Hauptstadt	Berlin	Wien	Bern
Fahne			
Währung	Euro	Euro	Schweizer Franken
Bevölkerung	81,9 Mio.	8,7 Mio.	8,3 Mio.
Nationalfeiertag	3. Oktober (Tag der deutschen Einheit)	26. Oktober	1. August
Domainname im Internet	.de	.at	.ch

1. Deutschland hat drei offizielle Sprachen.
2. Österreich hat weniger Einwohner als Deutschland.
3. Die Schweiz hat mehr offizielle Sprachen als Österreich.
4. Das Klima in Deutschland ist besser als in der Schweiz.
5. Deutsche Webseiten enden normalerweise mit .at.
6. Wien ist die Hauptstadt von Österreich.
7. London ist die Hauptstadt von England.
8. Der Nationalfeiertag in Deutschland ist Ende Oktober.

Conversation
- Wo fährst du normalerweise in Urlaub?
- Was für Touristenattraktionen gibt es in Deutschland?
- Warst du schon in Deutschland? Gib Details.
- Möchtest du Deutschland besuchen? Warum (nicht)?
- Was wäre dein Traumurlaub?
- Ist Deutschland gut für Touristen?

Correct the false statements.

Read the advert about Dresden and answer the questions in English.

Auf nach Dresden!

Dresden gehört zu den schönsten Städten in Europa. Diese historische Stadt ist voller Charme und Atmosphäre und ist immer eine Reise wert.
Reisenagebote

1. Ab 110€ – Dresden 3 für 2
   3 Nächte zum Preis von 2 inkl. Frühstück
2. 2Ab 130€ – Dresden inklusive Museen
   3 Nächte inkl. Frühstück
   Museumkarte – 2 Tage freier Eintritt in 14 Museen und viele Ermäßigungen bei Restaurants und Geschäften
3. Ab 115€ – Dresden per Rad
   4 Nächte inkl. Abendessen (Buchungszeitraum März bis September)
   Radtour durch Dresden (inkl. Fahrrad und Helm)
4. Ab 170€ – Weihnachten in Dresden
   2 Nächte (ohne Frühstück)
   Weihnachtliche Stadttour durch die historische Altstadt (elf Weihnachtsmärkte)
   Rufen Sie uns an, senden Sie uns eine E-Mail oder buchen Sie Ihre Kurzreise gleich direkt online

Dresden Information GmbH
Service-Center Mo–Sa 9–18 Uhr

1. How is Dresden described? Write **two** details.
2. What special offer is available for mini break 1?
3. What does the museum card give you?
4. Which meal is included with mini break 3?
5. Which **two** items are included when you book the bike tour?
6. What is not included in the price of mini break 4?
7. Which **three** ways can you book a mini break?

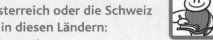

Schreibe ungefähr 100 Wörter über Deutschland, Österreich oder die Schweiz oder eine Stadt in diesen Ländern:
- Informationen/Statistik
- Touristenattraktionen
- Meinungen

If you use a comparative or superlative adjective before a noun, it has to have the same endings as other adjectives. See page 222.

- eine schönere Stadt
- die beste Attraktion
- mit meinem besten Freund

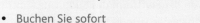

Commands are easy to form in the **Sie** form:

- Buchen Sie sofort

Separable verbs

- Rufen Sie uns an

To form commands in the **du** form, you use the du form of the present tense and take the **-st** off.

- Buch sofort
- Besuch die Altstadt

Remember that some verbs have an irregular form of the **du** form:

- Nimm den Bus
- Lies die Werbung

Listen to the conversation and fill in the grid in English.

	MIA	PETER
When they want to go to Bottrop		
What they want to do in Bottrop		
What sort of food they like to eat		

5A LOCAL AND REGIONAL FEATURES AND CHARACTERISTICS (2)

Read the information about these German tourist attractions.

Der **Europa-Park** ist der am meisten besuchte Freizeitpark in Deutschland. Kein Wunder: Es gibt mehrere Shows und Achterbahnen in 16 Themenbereichen.
Morgen beginnt die Sommersaison, das heißt der Park ist täglich von 9 bis 18 Uhr geöffnet.
Preise ab 50€.

Der **Kölner Dom** ist eine katholische Kirche in der Stadtmitte. Von der Plattform des Südturms (Eintritt 7€) genießt man eine wunderbare Aussssicht auf die Kölner Innenstadt und den Rhein.
Jeden Tag von 9 Uhr bis 21 Uhr (außer an Sonn- und Feiertagen 13 Uhr bis 16.30).

Der **Reichstag** ist seit 1999 Sitz des Deutschen Bundestages.
Zweimal pro Woche bieten wir Führungen für Schulklassen an. Eine frühzeitige Anmeldung ist in jedem Fall erforderlich. Der Eintritt ist frei.

Allianz Arena geschlossen.
Aufgrund des Länderspiels: Deutschland-Italien finden am Montag und Dienstag keine Arena Touren statt. Sie können immer noch Karten (ab 30€) für Spiele kaufen. Weitere Informationen finden Sie unter www.dfb.de.

Which attraction …?

1. offers educational tours
2. encourages you to use their website
3. has the same opening times every day
4. has great views
5. could you see a show at
6. is closed for two days
7. doesn't cost anything
8. is near the Rhine River

Read this extract from '*Zombies in Berlin*' by Skyla Lane. Answer the questions in English.

Berlin in naher Zukunft:

Die Hauptstadt versinkt in einem Meer aus Flammen. Das Brandenburger Tor wird zum allsehenden Auge, und was es sieht, ist wie in einem Horrorfilm. Zombies schlurfen herum und beißen sich von Spandau nach Pankow. Mittendrin die letzten Berliner: sie kauern im Bunker und hoffen auf Hilfe. Doch sie wird nicht kommen. Sie sind allein.

Deutschland ist Zombieland.

„Der Zug hat gehalten und der Strom geht nicht mehr. Berlin erreichen wir nicht pünktlich, oder?"

„Woher soll ich das wissen? Ich habe geschlafen!"

Ungeduldig holte ich mein Telfon raus und sah aufs Display: Es war längst Mitternacht. In zehn Minuten würde mich Sophie am Hauptbahnhof erwarten. Ich wählte ihre Nummer, damit sie Bescheid wusste.

„Schicken die uns Busse oder sollen wir hier wirklich warten?"

Die ganze Gegend war ruhig, aber dann hörte ich in weiter Ferne einen Hubschrauber und sah Soldaten.

1. How is Berlin described in the first paragraph?
2. What are the residents of Berlin hoping for? How likely is this?
3. What is the first sign that something is wrong? Write **two** details.
4. When and where should he be meeting Sophie?
5. How does he describe the area at first in the last paragraph?

Translate the paragraph into English.

Ich besuche gern neue Länder, wenn ich in Urlaub fahre. Letztes Jahr bin ich mit meiner Familie nach Deutschland gefahren. Mein Vater interessiert sich für Geschichte, deswegen haben wir viele Schlösser und Kirchen besucht. Ich möchte nächsten Sommer nach Österreich fahren, um mehr über die Kultur zu lernen.

WRITING

Schreibe einen Artikel über eine Stadt, die du gern besuchen möchtest.
Du kannst weitere Informationen angeben, aber du musst Informationen zu den folgenden Themen nennen:

- Wohin du fahren möchtest und warum
- Welche Touristenattraktionen du besuchen möchtest
- Welche Aktivitäten du machen wirst

GRAMMAR

Try to develop your answers fully.
Use time phrases to add extra information and sequence your ideas:

- letztes/nächstes Jahr – last/next year
- letzte/nächste Woche – last/next week
- danach – after that
- dann – then

Say who you did different activities with:

- mit meinen Freunden/meiner Familie – with my friends/family

Give opinions and justify them wherever possible:

- Es hat Spaß gemacht, weil ich mich für Geschichte interessiere.
- Ich fahre nach Berlin, um den Reichstag zu sehen.
- Ich möchte das Stadion besuchen, weil meine Lieblingsmannschaft dort spielt.

LISTENING

Höre dir dieses Gespräch an. Wähle die richtige Antwort.
1. Markus hat ... in Berlin.
    a. Verwandte
    b. Freunde
    c. Geschwister
2. Wie ist er nach Berlin gekommen?
    a. Mit dem Flugzeug
    b. Mit dem Zug
    c. Mit dem Auto
3. Die Reise war ...
    a. kurz
    b. furchtbar
    c. bequem
4. Wann war Markus in der Skatehalle?
    a. Am Mittwoch
    b. Am Dienstag
    c. Am Freitag
5. Er hat viele ... gesehen.
    a. Sehenswürdigkeiten
    b. Geschäfte
    c. Touristen
6. Der Besuch hat ihm ... gefallen.
    a. nicht
    b. gar nicht
    c. gut

SPEAKING

Photo card
- Beschreibe das Foto/Was passiert auf diesem Foto?
- Besuchst du gern historische Gebäude, wenn du im Urlaub bist? Warum (nicht)?
- Welche Touristenattraktionen hast du neulich besucht?
- Was wirst du nächstes Jahr besuchen?
- Findest du deutsche Kultur interessant? Warum (nicht)?

5A LOCAL AND REGIONAL FEATURES AND CHARACTERISTICS (3)

READING

Read the information. Choose the correct five statements.

Brandenburger Tor – Symbol der Einheit

Wo ist das? Das Brandenburger Tor steht am Pariser Platz im Herzen von Berlin-Mitte.

Wie komme ich dahin? Es gibt oft Staus in der Stadtmitte. Am besten lassen Sie das Auto zu Hause. Fahren Sie mit der U-Bahn (U55) oder mit der S-Bahn (S1 oder S25).

Architektur – Das Brandenburger Tor wurde aus Sandstein gebaut und ist 20 Meter hoch, 65 Meter breit und 11 Meter tief.

Geschichte – Das Brandenburger Tor wurde 1791 gebaut. Nach dem 2. Weltkrieg markierte das Brandenburger Tor die Grenze zwischen Ost- und West-Berlin. Nach 1990 wurde es zum Symbol der Wiedervereinigung Deutschlands.

1. The monument is in Paris.
2. The best way to travel is by underground or tram.
3. It was built in 1791.
4. The monument is on the outskirts of Berlin.
5. It is now a symbol of German unity.
6. It is 65 metres tall.
7. It is 20 metres tall.
8. No cars are allowed in the city centre.
9. It was built in 1990.
10. It is now a symbol of the reunification of Germany.

READING

Lies den Artikel. Sind die Sätze richtig (R) oder falsch (F)?

Ausländische Touristen wählen Deutschlands Top 100

Deutschland wird als Reiseland immer beliebter. Letztes Jahr kamen so viele Touristen wie noch nie. Hotels, Pensionen und Campingplätze hatten zum dritten Mal in Folge einen Übernachtungsrekord. Nach Spanien ist Deutschland damit das zweitbeliebteste Reiseland Europas. Deutschland boomt bei Touristen aus aller Welt, aber welche Sehenswürdigkeiten ziehen die meisten Besucher an? Die Deutsche Zentrale für Tourismus hat 15 000 ausländische Gäste befragt.

Touristen aus aller Welt kommen nicht nur wegen des berühmten Biers oder des Sauerkrauts, sondern vor allem wegen der vielen Kultur- und Naturschätze des Landes. Touristen konnten mit der App „Deutschlands Top 100" ihre liebsten deutschen Sehenswürdigkeiten wählen.

Märchenschloss vor Freizeitpark und Dom

Der Gewinner liegt in Bayern: Das Schloss Neuschwanstein in Füssen wurde am häufigsten als liebstes Ziel angeklickt. Das „Märchenschloss" von Ludwig II ist für ausländische Touristen ein Symbol von Romantik und deutscher Baukultur.

Eine ganz andere Attraktion landete dagegen auf Platz zwei: Der Europapark in Rust, der größte Freizeitpark im deutschsprachigen Raum, mit über 100 Fahrgeschäften. Der Park war beliebter als ein UNESCO-Weltkulturerbe – der Kölner Dom war auf Platz drei.

Laden Sie die App herunter, um die anderen Sehenswürdigkeiten zu entdecken. Man bekommt damit weitere Informationen über Attraktionen wie die Berliner Mauer, Naturparks im Schwarzwald, den Bodensee und viel mehr.

1. Immer mehr Touristen besuchen Deutschland jedes Jahr.
2. Mehr Touristen besuchen Deutschland als Spanien.
3. 15 000 Touristen besuchen Deutschland jedes Jahr.
4. Touristen konnten mit einer Handy-App wählen.

5. Ein Schloss in Bayern war an erster Stelle.
6. Der Dom in Köln war beliebter als der Europapark.
7. Der Europapark ist der größte Freizeitpark der Welt.

EXTRA

Was möchtest du in Deutschland besuchen? Warum?

LISTENING

Listen to this advert. Answer the questions and complete the grid below in English.
1. What is being advertised?
2. Where is it located?

Entry costs	
Information about pets	
Cost of car park	
Opening times	

SPEAKING

Role play
- Urlaub (**zwei** Details)
- **?** Touristenattraktion
- **?** Preis
- Aktivitäten (**zwei** Details)
- Du – Deutschland – nächstes Jahr
- Du – Sehenswürdigkeit – letztes Jahr

WRITING

Translate the paragraph into German.
The museum in the town centre is free. My sister is interested in history and she learnt lots. I visited the stadium yesterday and it was really interesting. Tomorrow we are going to do a tour of the town.

GRAMMAR

Prepositions give information about the position of a noun or pronoun. They change the case of the noun or pronoun. Prepositions often have more than one meaning.

- mit dem Taxi – by taxi
- mit meinem Bruder – with my brother

Some prepositions are always followed by the accusative case e.g. für, um, durch, bis, ohne, wider, gegen, entlang.

Some prepositions are always followed by the dative case e.g. bei, aus, nach, gegenüber, seit, von, außer, mit, zu.

Some prepositions are followed by the accusative or dative case depending on the meaning e.g. an, auf, hinter, vor, in, unter, über neben, zwischen.

- Ich gehe in die Stadt – accusative (movement towards)
- Ich bin in der Stadt – dative (indicating position)

See page 213.

5A LOCAL AND REGIONAL FEATURES AND CHARACTERISTICS VOCABULARY GLOSSARY

die Achterbahn (-en)	rollercoaster
die Aktivität (-en)	activity
aufmachen	to open
außerhalb	outside
der Bach (¨e)	stream
der Balkon (-e/-s)	balcony
der Baum (¨e)	tree
der Berg (-e)	mountain
besichtigen	to view
besuchen	to visit
die Blume (-en)	flower
die Burg (-en)	castle, fort
der Bürgersteig (-e)	pavement
das Dorf (¨er)	village
die Einbahnstraße (-n)	one-way street
einkaufen	to go shopping
der Einwohner (-)	inhabitant
entfernt	distant
erbaut	built
die Etage (-n)	floor, storey
das Feld (-er)	field
der Fels(en) (-en)	rock, cliff
die Ferien	holidays
das Ferienhaus (¨er)	holiday home
der Ferienort (-e)	holiday resort
der Ferienpark (-s)	holiday park
der Fluss (¨e)	river
das Freibad (¨er)	open-air pool
die Freizeitmöglichkeit (-en)	leisure facilities
das Gasthaus (¨er)	guest house

das Gebäude (-)	building
das Gebiet (-e)	area
das Gebirge	chain of mountains
die Gegend (-en)	region
die Gemeinde (-n)	community, parish
das Geschäft (-e)	shop, business
geschlossen	closed
es gibt	there is/are
das Gras (¨er)	grass
die Hauptstraße (-n)	main/high street
historisch	historical
das Hochhaus (¨er)	high rise building
das Hotel (-s)	hotel
der Hügel (-)	hill
hügelig	hilly
das Informationsbüro (-s)	information office
innerhalb	within, inside
die Insel (-n)	island
die Jugendherberge (-n)	youth hostel
die Klippe (-n)	cliff
die Küste (-n)	coast
der Laden (¨)	shop
das Land (¨er)	land, country
das Landhaus (¨er)	country house
die Landschaft (-en)	landscape, scenery
ländlich	rural
Leute (pl.)	people
(es) liegt	is situated
malerisch	picturesque
der Markt (¨e)	market
(in der) Nähe (von)	near
(der) Nord(en)	(the) north
nördlich	northern, northerly
der Ort (e/¨er)	place
(der) Ost(en)	(the) east
östlich	eastern, easterly
der Park (-s)	park
die Parkanlagen (pl.)	grounds
der Pfad (¨e)	path
der Preis (-e)	price, prize
der Rand (¨er)	edge

reduziert	reduced
ruhig	quiet, peaceful
die S-Bahn (-en)	suburban railway
schließen	to close
das Schloss (¨er)	castle
das Schwimmbecken (-)	swimming pool
der See (-n)	lake
die See (-n)	sea
sehenswert	worth seeing
die Sehenswürdigkeit (-en)	sight(s) of a town
das Sonderangebot (-e)	special offer
die Stadt (¨e)	town
die Stadtmitte (-n)	town/city centre
das Stadtzentrum (-tren)	town/city centre
städtisch	urban
der Stock (-werke)	floor, storey
der Strand (¨e)	beach
die Straße (-n)	street
die Straßenbahn (-en)	tram
(der) Süd(en)	(the) south
südlich	southern, southerly
das Tal (¨er)	valley
der Tourist (-en)	tourist
das Verkehrsamt (¨er)	tourist information centre
der Vorort (-e)	suburb
der Wald (¨er)	forest, wood
der Wasserpark (-s)	water park
der Weg (-e)	way, path, route
(der) West(en)	(the) west
westlich	western, westerly
zumachen	to close

5B HOLIDAYS AND TOURISM (1)

Read the following information about the Waldhotel Stuttgart. Match 1–6 to a–f.

1. Luxus und klassisches Design – das macht unsere 94 Zimmer und zwei Suiten so einzigartig. Wir haben auch fünf Familienzimmer.
2. Unser Fitness- und Sauna-Bereich ist wunderschön gestylt. Sie finden alles, was man als Sportler braucht, zum Beispiel Tennisplätze oder einen Wald zum Joggen oder für Spaziergänge.
3. Ob im Restaurant Finch oder auf der Terrasse: Freuen Sie sich auf ganz besondere, regionale, saisonale Gerichte. Das Waldhotel Stuttgart ist berühmt für Kaffee und Kuchen.
4. Das Waldhotel liegt in der Nähe vom Flughafen Stuttgart (10 Minuten). Unser Hotel ist perfekt gelegen, um aus Ihrem Besuch in Stuttgart das Beste zu machen.
5. Unsere Konferenzräume haben kostenloses WLAN und einen integrierten Datenbeamer. Sie bieten Platz für bis zu 40 Personen.
6. Heiraten im Waldhotel Stuttgart. Unsere Hochzeitsplaner organisieren alles, was Sie sich wünschen – von der romatischen Kutschfahrt bis zum Feuerwerk.

a.

b.

c.

d.

e.

f.

Find the German for:
- family rooms
- for example
- famous for
- airport
- projector

Lies diese Bewertung und wähle die richtige Antwort.

Wunderschöner Campingplatz mitten im Schwarzwald

Die Ruhe und die frische Luft waren perfekt für uns. Wir haben uns richtig gut entspannt. Die Besitzer waren sehr freundlich und hilfsbereit. Sie gaben uns viele Tipps für Aktivitäten in der Gegend. Es gab so viele Möglichkeiten – Wandern, Klettern, Windsurfen unter anderem.

Die großen Waschräume und Toiletten waren immer sauber, obwohl die Duschen ein bisschen klein und dunkel waren.

Im Ort (ungefähr 300 Meter) gibt es die nötigen Einkaufsmöglichkeiten (kleiner Supermarkt, Bäcker, Metzger, Getränkemarkt, Tabakwaren). Man braucht kein Auto.

Der Fluss Enz, wo unsere Kinder täglich geschwommen sind, fließt direkt am Platz vorbei. Das Wasser war kristallklar, aber auch eiskalt. Der Kinderspielplatz war auch prima.

Wir haben Ende Mai gezeltet. Es waren ein paar super tolle Tage – leider zu kurz. Wir hoffen, schon bald wieder hierher zu kommen. Ich kann den Platz sehr empfehlen. Nächsten Sommer werden wir für zwei Wochen kommen.

1. Der Campingplatz war …
   a. groß
   b. entspannend
   c. teuer
2. In der Gegend gibt es … zu tun.
   a. viel
   b. nicht viel
   c. nichts
3. Die Duschen waren …
   a. kalt
   b. nicht sehr groß
   c. modern

4. Auf dem Campingplatz gab es viele …
   a. Restaurants
   b. Autos
   c. Geschäfte
5. Der Fluss war …
   a. sehr kalt
   b. schmutzig
   c. ziemlich warm
6. Der Urlaub hat ihnen … gefallen.
   a. gar nicht
   b. nicht
   c. gut

LISTENING

Listen to Peter and Eva discussing their holiday plans. Which six statements are correct?

1. Peter doesn't want to go to Greece again.
2. Peter's parents want to go to America.
3. Eva's dad hasn't got a job.
4. Eva needs to earn some money.
5. Peter wants to try American food.
6. Eva is envious of Peter.
7. The swimming pool was too cold for Eva.
8. Peter enjoyed the food in Greece.
9. The beaches in Greece were dirty.
10. Eva's family aren't going abroad in the summer.

SPEAKING

Role play
- Du – Urlaub – letztes Jahr
- Unterkunft (**zwei** Details)
- Tourismus – Meinung
- ? Aktivitäten
- ? Strand
- Traumurlaub

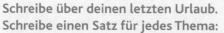

WRITING

Schreibe über deinen letzten Urlaub. Schreibe einen Satz für jedes Thema:
- Die Reise
- Der Unterkunft
- Das Wetter
- Das Essen
- Die Aktivitäten
- Deine Meinungen

GRAMMAR

By this stage in the course, you should feel confident about using the **past**, **present** and **future** tenses in your spoken and written German. You have seen the following tenses:

- The **present tense** to talk about activities you do regularly e.g. Ich fahre jedes Jahr nach Italien.
- The **perfect tense** to say what you have done e.g. Ich habe das Stadion besucht, Ich bin nach Deutschland gefahren.
- The **imperfect tense** for some common verbs to talk about the past e.g. Es war toll, Es gab nichts für Touristen, Ich hatte nicht genug Zeit.
- The **future tense** to say what you will do e.g. Ich werde viel wandern.
- The **conditional tense** to say what you would do e.g. Ich würde in einem Luxushotel wohnen, (wenn ich mehr Geld hätte).

Try to use a range of these tenses to improve your speaking and writing. You also need to be able to recognise them as they will appear in listening and reading exercises.

5B HOLIDAYS AND TOURISM (2)

Lies die Texte und verbinde die Paare.

Katja: Am liebesten liege ich den ganzen Tag in der Sonne – Sand und Sonne sind perfekt für mich.

Paul: Ich faulenze nicht gern am Strand. Ich habe letztes Jahr bei Umweltprojekten in Südamerika geholfen. Wir haben eine neue Schule gebaut.

Sofia: Jedes Jahr fahren wir in die Schweiz. Mein Bruder und ich fahren gern Ski.

Markus: Campingplätze sind viel billiger als Luxushotels und ich bin gern in der frischen Luft.

Lotte: Letzten Dezember bin ich mit der Schule nach Frankreich gefahren. Die Reise war zu lang, aber das Hotel war klasse.

Florian: Wenn ich im Urlaub bin, gehe ich gern ins Museum. Kunstgalerien gefallen mir auch.

1. Zelturlaub
2. Klassenfahrt
3. Strandurlaub
4. Ökotourismus
5. Kulturtourismus
6. Wintersporturlaub

Read this extract from 'Der Boss' by Moritz Netenjakob. Answer the questions in English.

„Unsere Flitterwochen-Top-3 sind: Seychellen, Malediven und Hawaii."

Kenan, der smarte Geschäftsführer von Ünül Tours, schaut meine Verlobte Aylin und mich erwartungsvoll an. Kenan trägt ein schwarzes Hemd, einen Dreitagebart und ist natürlich ein Familienmitglied. Wir Deutschen machen möglichst keine Geschäfte *mit* der Familie. Türken machen möglichst keine Geschäfte *ohne* die Familie.

„Aber auch die Bahamas und Thailand sind sehr beliebt. Oder Barbados, Bali, Mexiko ..."

Ich hasse diese totale Wahlfreiheit. Es fällt mir schon schwer, mich im Restaurant für ein Essen zu entscheiden. Ich bestelle beim Italiener immer Pizza Funghi, in Bistros immer Salat mit Hähnchen und beim Chinesen immer die M8.

„Was meinst du denn, Daniel?" fragte Aylin.

„Hmm ... auf den Seychellen haben wir weißen Sand und türkisblaues Meer. Die Malediven bieten türkisblaues Meer und weißen Sand. Hawaii hat vor allem weißen Sand, aber auch türkisblaues Meer. Wir machen am besten eine Pro- und Kontra-Liste."

1. What does Kenan say about the three holiday resorts in the first line?
2. How is Kenan described? Write **two** details.
3. How does Daniel feel about making choices?
4. What other example does he give of this?
5. Why is his suggestion to make a list of pros and cons sarcastic?

Listen to this advert about a competition. Complete the information in English.
Main prize (**two** details):
Value of the prize:
How to enter:
Not accepted:
Closing date:

What other prizes are available?

Schreibe ein Blog über „Junge Leute und Urlaub". Gib Informationen, Beispiele und Erklärungen für deine Meinungen:

- Wie wichtig Urlaub ist
- Die positiven Aspekte von Tourismus
- Wohin du nächstes Jahr fahren wirst

Conversation

- Wohin fährst du normalerweise in Urlaub?
- Was machst du gern im Urlaub?
- Beschreibe deinen letzten Urlaub.
- Was wäre dein Traumurlaub?
- Ist es wichtig in Urlaub zu fahren? Warum (nicht)?
- Hat Tourismus mehr Vor- oder Nachteile?

Translate the paragraph into English.

Mein Urlaub in der Schweiz hat mir gut gefallen. Der Campingplatz war nicht sehr groß, aber hatte ein Geschäft und ein Restaurant, wo man leckere Pizza kaufen konnte. Es gab auch einen Kinderspielplatz und meine Schwester hat neue Freunde aus Spanien und Frankreich kennengelernt. Leider war das Wetter manchmal schlecht. Wenn es geregnet hat, sind wir ins Hallenbad gegangen.

Determiners are words like 'a', 'the', 'my' and 'this'.
This is the pattern for 'the':

	NOMINATIVE	ACCUSATIVE	DATIVE
Masculine	der	den	dem
Feminine	die	die	der
Neuter	das	das	dem
Plural	die	die	den

This is the pattern for 'a' or 'no':

	NOMINATIVE	ACCUSATIVE	DATIVE
Masculine	ein	einen	einem
Feminine	eine	eine	einer
Neuter	ein	ein	einem
Plural	keine	keine	keinen

This is the pattern for 'this' (*dieser*), 'each'/'every' (*jeder*) and 'which' (*welcher*):

	NOMINATIVE	ACCUSATIVE	DATIVE
Masculine	dieser	diesen	diesem
Feminine	diese	diese	dieser
Neuter	dieses	dieses	diesem
Plural	diese	diese	diesen

See page 211.

5B HOLIDAYS AND TOURISM (3)

Read the two texts. What are Luisa and Jens talking about?

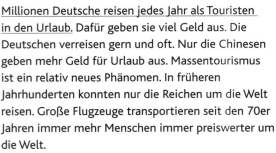

> Leider sind Touristen oft zu betrunken und zu laut. Ich finde das peinlich. Es gibt oft ein Mangel an Respekt für die Lokalkultur. Ich probiere lokale Spezialitäten und bestelle nicht nur jeden Tag Pommes!

JENS   **LUISA**

> Touristen geben viel Geld aus und das ist natürlich gut für die Wirtschaft. Leider bringt Tourismus oft Umweltprobleme wie Staus oder hohen Wasserverbrauch mit sich. Ich würde nächstes Jahr zu Hause bleiben.

Who says which statement – Luisa or Jens?

1. Tourists help the local economy.
2. Tourism can damage the environment.
3. Some tourists drink too much.
4. I'm not going on holiday next year.
5. I like to try local food.
6. I'm embarrassed by the behaviour of some tourists.

Read the article and answer the questions in English.

Die Deutschen und der Tourismus

Millionen Deutsche reisen jedes Jahr als Touristen in den Urlaub. Dafür geben sie viel Geld aus. Die Deutschen verreisen gern und oft. Nur die Chinesen geben mehr Geld für Urlaub aus. Massentourismus ist ein relativ neues Phänomen. In früheren Jahrhunderten konnten nur die Reichen um die Welt reisen. Große Flugzeuge transportieren seit den 70er Jahren immer mehr Menschen immer preiswerter um die Welt.

Aber nicht alle wollen ins Ausland. „Natürlich fahren wir gern in die Türkei oder nach Spanien, aber Deutschland ist für die Deutschen immer noch das wichtigste Urlaubsland", erklärt der Tourismusminister. Die große Reiselust hat auch Nachteile: Viele Kilometer Stau und lange Schlangen an den Schaltern am Flughafen – so sieht es jedes Jahr zu Beginn der Sommerferien in Deutschland aus.

1. What are you told about the attitude of the Germans to holidays? Write **two** details.
2. What changed in the 1970s?
3. Which is the most popular destination for Germans?
4. Which **two** disadvantages of tourism are mentioned?
5. When are these most common?

Translate the underlined sentences into English.

Find the German for:
- money   · traffic jams
- centuries   · queues

- verbringen – to spend (time)
- ausgeben – to spend (money)

SPEAKING

Photo card
- Beschreibe das Foto/Was passiert auf diesem Foto?
- Bist du gern aktiv im Urlaub? Warum (nicht)?
- „Tourismus hat viele positive Aspekte." Was sagst du dazu?
- Wohin möchtest du in der Zukunft fahren? Warum?
- Es ist wichtig andere Sprachen zu sprechen. Was sagst du dazu?

LISTENING

Höre dir den Bericht an. Sind die Sätze richtig (R), falsch (F) oder nicht im Text (NT)?
1. Ökotourismus wird immer beliebter.
2. Alkohol ist billig in Spanien.
3. Deutsche Touristen wollen Abenteuer erleben.
4. Die Zielgruppe sind ältere Leute.
5. Die Touristen interessieren sich für Politik.
6. Die Natur in Südamerika ist sehr schön.
7. Urlaub in Costa Rica ist billiger als in Afrika.

Here are some useful phrases to express opinions or to convey different sides of an argument:
- Es gibt Vorteile/Nachteile, zum Beispiel … – There are advantages/disadvantages, for example …
- einerseits – on one hand
- andererseits – on the other hand
- Ich bin für …/Ich bin dafür – I'm for …/I'm in favour of it
- Ich bin gegen …/Ich bin dagegen – I'm against …/I'm against it
- Es kommt darauf an – It depends
- Viele Leute glauben/denken, dass … – Many people believe/think that …
- Es ist wichtig, dass … – It's important that …
- Ich bin der Meinung, dass … – I'm of the opinion that …
- Meine Schwester ist der Meinung, dass … – My sister is of the opinion that …

WRITING

Translate the sentences into German.
1. I like going to the beach, when I'm in Italy.
2. In my opinion tourist attractions are boring.
3. There are often traffic jams at the start of the summer holidays.
4. Tourism has advantages and disadvantages.
5. I would like to travel the world, when I'm older.

5B HOLIDAYS AND TOURISM VOCABULARY GLOSSARY

abfliegen	to take off
der Abflug (¨e)	take off, departure
das Abteil (-e)	compartment
die Abteilung (-en)	department
anhalten	to stop
ankommen	to arrive
der Ausflug (¨e)	excursion, outing
der Ausgang (¨e)	exit
ausleihen	to hire out
auspacken	to unpack
der Ausweis (-e)	identity card
der Badeort (-e)	spa
besichtigen	to view
der Besuch (-e)	visit
besuchen	to visit
billig	cheap
bleiben	to stay, remain
der Blick (-e)	view, glance
blicken	to glance
(an) Bord	on board
die Bremse (-n)	brake
die Broschüre (-n)	brochure
das Büfett (-s)	buffet
dauern	to last
der Eingang (¨e)	entrance (building)
einpacken (-en)	to pack
die Einrichtung (-en)	furnishings
die Entschuldigung (-en)	excuse
das Erdgeschoss (-e)	ground floor
der Erfrischungsstand (¨e)	refreshment stand
die Ermäßigung (-en)	reduction, reduced rate
erreichen	to reach, catch, achieve

die Etage (-n)	floor, storey
faulenzen	to laze about
fliegen	to fly
frei	free, vacant
freihalten	to keep free
fremd	foreign, strange
das Fundbüro (-s)	lost property office
der Gast (¨e)	guest
das Gasthaus (¨er)	inn, tavern, restaurant
der Gasthof (¨e)	hotel, inn, tavern
die Gästin (-nen)	guest (f)
die Gaststätte (-n)	restaurant, cafe
das Geld (-er)	money
gemütlich	cosy, comfortable
geradeaus	straight on
geschlossen	closed
die Getränkekarte (-n)	drinks menu
die Grenze (-n)	border, frontier
der Hafen (¨)	port, harbour
die Halbpension (-en)	half board
halten	to stop, hold
die Hauptstadt (¨e)	capital city
die Heimat (-en)	home (town/country)
helfen	to help
der Imbiss (-e)	snack
die Imbissstube (-n)	snack bar
inbegriffen	included
das Informationsbüro (-s)	information office
inklusiv	inclusive
die Kabine (-n)	cabin
die Kasse (-n)	cash desk, till
der/die Kellner(in) (-/-nen)	waiter
Kilometer	kilometre
kinderfreundlich	child friendly
das Kleingeld	change
der Koffer (-)	suitcase
kommen	to come
kosten	to cost
kostenlos	free (no cost)
die Kreditkarte (-n)	credit card
die Kreuzung (-en)	crossing

die Kultur (-en)	culture
kulturell	cultural
der Kurort (-e)	spa resort
der Kurs (-e)	course, exchange rate
landen	to land
die Landkarte (-n)	map
leihen	to lend/borrow
links	left
losfahren	to set off, drive away
Luxus-	luxury
das Meer (-e)	sea
mieten	to hire, rent
der Notausgang (¨e)	emergency exit
öffnen	to open
die Öffnungszeiten	opening times
der Ort (-e/¨er)	place
packen	to pack
die Panne (-n)	breakdown
parken	to park
das Parkhaus (¨er)	multi-storey car park
der Passagier (-e)	passenger
die Pension (-en)	guest house
das Foto (-s)	photo
der Platz (¨e)	place, square, seat
die Postkarte (-n)	postcard
der Preis (-e)	price, prize
preiswert	reasonable (price)
der Prospekt (-e)	prospectus
pünktlich	punctual
die Quittung (-en)	receipt
die Raststätte (-n)	service station
die Rechnung (-en)	bill
rechts	right
rechtzeitig	on time
das Reisebüro (-s)	travel agent
der Reisebus (-se)	coach
der Reiseführer	travel guide
reisen	to travel
der Reisende (-n)	traveller
der Reisepass (¨e)	passport
reparieren	to repair

der Ruhetag (-e)	day off
die Rundfahrt (-en)	round trip
die Sammelstelle (-n)	meeting point
das Schiff (-e)	ship
das Schild (-er)	sign
Schlange stehen	to queue
der Schlüssel (-)	key
seekrank	sea-sick
die Sonderfahrt (-en)	special trip
die Sonnenbrille (-n)	sunglasses
die Sonnencreme (-n)	sun cream
die Speisekarte (-n)	menu
der Speisesaal (-säle)	dining room
die Staatsangehörigkeit (-en)	nationality
der Stadtplan (¨e)	town map
der Stau (-s)	traffic jam, blockage
die Telefonzelle (-n)	telephone box
die Terrasse (-n)	terrace
teuer	expensive
die Toilette (-n)	toilet
der Tourismus	tourism
der/die Tourist(in) (-en/-nen)	tourist
das Trinkgeld (-er)	tip
der Tunnel (-)	tunnel
über	via
übernachten	to stay the night
die Übernachtung (-en)	overnight stay
die Umleitung (-en)	diversion
umsteigen	to change (trains)
umtauschen	to change (money)
der Unfall (¨e)	accident
das Untergeschoss (-e)	basement
die Unterkunft (¨e)	accommodation
verbringen	to spend (time)
das Verkehrsamt (¨er)	tourist information office
verlieren	to lose
verreisen	to go away (on a journey)
die Verspätung (-en)	delay
verzollen	to declare (customs)
Vollpension (-en)	full board
die Vorsicht	care, attention

5A LOCAL AND REGIONAL FEATURES AND CHARACTERISTICS

5B HOLIDAYS AND TOURISM

GRAMMAR IN CONTEXT

GRAMMAR

1. COMMANDS

Put the infinitive into the correct imperative form (**du**).

1. **Besuchen** die Galerie
2. **Kaufen** eine Karte
3. **Gehen** zu Fuß
4. **Senden** eine E-Mail
5. **Sagen** warum
6. **Lesen** die Broschüre

> To form commands in the du form, you use the du form of the present tense and take the -st off.

2. PREPOSITIONS (1)

Choose the correct preposition to complete the sentence.

1. Es gibt oft Staus ___ der Stadtmitte.
2. Fahren Sie ____ der U-Bahn.
3. Es ist ____ dem Kino.
4. Sie interessiert sich ____ Geschichte.
5. Geh ___ Fuß.
6. Ich komme ___ einer Großstadt.

zu	neben	für
in	mit	aus

> Prepositions give information about the position of a noun or pronoun. They change the case of the noun or pronoun. Prepositions often have more than one meaning. See page 213.

3. PREPOSITIONS (2)

Translate the sentences from exercise 2 into English.

Prepositions often have more than one meaning.

- *mit dem Taxi* – by taxi
- *mit meinem Bruder* – with my brother

4. TENSES (1)

Are the following sentences in the present, past, future or conditional tense?

1. Ich habe das Museum besucht.
2. Es hat mir gut gefallen.
3. Ich werde das Stadion besuchen.
4. Was würdest du empfehlen?
5. Ich wohne in einem Dorf.
6. Es kostet zu viel.

By this stage in the course, you should feel confident about using the past, present and future tense in your spoken and written German. See pages 229–234.

5. TENSES (2)

Now translate the sentences from exercise 4 into English.

6. DEFINITE AND INDEFINITE ARTICLES

Fill in the correct version of **the** or **a**.

1. Das Hotel ist in ____ Stadtmitte.
2. Es gibt ___ Schwimmbad im Hotel.
3. ___ Sommerferien sind zu lang.
4. Tourismus ist gut für ____ Wirtschaft.
5. Gibt es _____ Strand in der Nähe?
6. ___ Natur ist wunderschön.

The gender of the noun has an impact on the definite article (the) **or indefinite article** (a). See page 211 for a table.

THEME: CURRENT AND FUTURE STUDY AND EMPLOYMENT

UNIT 2

WORLD OF WORK

6A WORK EXPERIENCE AND PART-TIME JOBS (1)

Read the statements about work experience. Match 1–6 to a–f.

- 77 Prozent der Praktikanten arbeiten sieben Stunden pro Tag.
- Nur 27 Prozent sind mit ihrem Praktikum unglücklich.
- 80 Prozent der Befragten glauben, dass das Arbeitspraktikum sehr wichtig ist.
- 65 Prozent aller Praktikanten sind zufrieden mit ihrer Erfahrung in der Arbeitswelt.
- 58 Prozent machen sich Sorgen um ihre Karrierechancen.
- 42 Prozent sind optimistisch, dass sie ihren Traumberuf bekommen werden.

1. 77%	3. 80%	5. 58%
2. 27%	4. 65%	6. 42%

a. The number of people who are happy with their placement
b. The number of people worried about the future
c. The number of people who think work experience is important
d. The amount of hours worked
e. The number of people who are positive about the future
f. The number of people who aren't happy with their placement

Read the text and answer the questions in English.

Kuriose Jobs

Lehrer, Arzt oder Polizist – sie gehören alle zu den „normalen" Berufen. Heutzutage sterben alte Berufe aus und neue Jobs entstehen. Wir präsentieren einige exotische und kuriose Jobs.

- **Drogenhund-Service** – Drogenhunde sieht man oft an Flughäfen oder bei Musikfesten. Wenn Eltern Angst haben, dass ihre Kinder Drogen nehmen, kann man diesen Service auch privat buchen. Ein Hund (natürlich mit Hundeführer) kommt und durchsucht die Wohnung. Die Kosten? Circa 45 Euro für ein Zimmer. 95 für eine Wohnung mit 120 Quadratmetern.
- **Golfballtaucher** – Golfer verlieren regelmäßig Golfbälle in Teichen, wenn sie in der Nähe von Wasser spielen. Der Golfballtaucher trägt einen Neoprenanzug, eine Maske und einen Schnorchel und sammelt mehrere Tausend Golfbälle aus dem Wasser. In großen Country Clubs kann man 65 Euro pro Stunde verdienen.
- **Eis-Tester** – Ist das ein Kindertraum oder ein wahrer Beruf? Hier kann man Geld verdienen, während man leckere Eiskugeln isst. Man testet am Tag bis zu 60 Eissorten und bekommt dafür ein Jahresgehalt von 40 Tausend Euro.
- **Lebende Statue** – Man findet diese stummen Schauspieler in fast jeder deutschen Innenstadt. Pro Stunde kann man 70 Euro verdienen – nicht schlecht, wenn man nur still stehen muss.

1. Where would you normally expect to see drugs dogs? Write **two** details.
2. Why do some people book them privately?
3. How much does it cost to have a flat searched?
4. What equipment does a 'golf ball diver' need? Write **two** details.
5. What does the article wonder about ice cream tasters?
6. Write **two** details about the job of an ice cream taster.
7. What does the article imply is good about being a living statue?

Find the German for:
- to be scared
- square metres
- to lose
- to earn
- inner city

LISTENING

Hör gut zu. Wähle das richtige Wort.

1. Angela wird mit **Kindern/Autos/Kunden** arbeiten.
2. Sie ist **nicht/sehr/ziemlich** nervös.
3. In der Zukunft möchte sie mit **kleinen Kindern/ älteren Kindern/Babys** arbeiten.
4. Sie möchte als **Polizistin/Sportlerin/Lehrerin** arbeiten.
5. Arbeitslosigkeit ist ein Problem für **junge Leute/ alte Leute/Frauen** in ihrer Gegend.
6. Sie hat eine Frage über **Computer/Kleidung/ Parkplätze**.

SPEAKING

Conversation

- Was machst du, um Geld zu verdienen?
- Ist es wichtig für junge Leute, einen Teilzeitjob zu haben? Warum (nicht)?
- Was sind die Vor- und Nachteile von einem Arbeitspraktikum?
- Bekommst du Taschengeld?
- Was hast du neulich gekauft? Gib Details.
- Ist es wichtig Geld zu sparen?

WRITING

Schreibe sechs Sätze. Gib:

- **Drei** Vorteile von einem Arbeitspraktikum
- **Drei** Nachteile von einem Arbeitspraktikum

Watch out for phrases which have the same or a similar meaning:

- jeden Tag – every day
- täglich – daily
- jede Woche – every week
- wöchentlich – weekly
- oft – often
- regelmäßig – regularly
- nicht sehr oft – not very often
- selten – rarely

Remember to use a range of words to join your sentences together:

- dass – that
- so dass – so that
- während – whilst
- wenn – when/if

Read this extract from „Felix und das liebe Geld" by Nikolaus Piper. Answer the questions in English.

Es war an einem Montag, genauer gesagt am vierten Mai, im Morgengrauen, als Felix Bloom beschloss, reich zu werden.

Gestern, am Abendbrottisch, haben seine Eltern gesagt, dass sie dieses Jahr nicht in den Sommerurlaub fahren würden. Einfach so. Weil kein Geld da war. „Wir können uns die Fahrt nicht leisten. Kein Geld. Andere Familien bleiben auch daheim in den Ferien."

„Sparen, sparen, immer nur sparen in dieser idiotischen Familie", hatte er seinem Vater ins Gesicht geschrien. Dann war er in sein Zimmer gerannt.

1. When exactly did Felix decide he wanted to become rich?
2. What did he find out from his parents at dinner?
3. What does he say is the only thing his family are interested in?
4. How does Felix react to the news?

Lies den Artikel. Sind die Sätze richtig (R), falsch (F) oder nicht im Text (NT)?

Spartipps für Eltern

Wir zeigen, wie und wo Sie, ohne Verlust an Lebensqualität, sparen können.

Kochplan: Schreiben Sie einen Kochplan für die gesamte Woche. Einkaufen im Supermarkt ist immer billiger mit einer Einkaufsliste.

Wasser sparen: Wer duscht, statt badet kann im Haushalt sparen – bis zu 250 Euro im Jahr.

Bibliothek: Bücher, Hörspiele, DVDs und Spiele gibt es dort für Kinder kostenlos zum Ausleihen.

Früh buchen: Sommerurlaub, Bahn- oder Konzerttickets. Wenn man früh reserviert, spart man bis zu 50 Prozent. Je früher, desto besser.

Nur mit Bargeld zahlen: Plastikgeld gibt man schneller als Bargeld aus. Am besten bleibt die Kreditkarte zu Hause, wenn man Geld sparen will.

Für mehr Tipps und Tricks besuchen Sie unsere Webseite oder folgen Sie uns auf Twitter.

1. Mit diesen Tipps können Eltern Geld sparen.
2. Es ist teurer, wenn man mit einer Liste einkaufen geht.
3. Mit einer Einkaufsliste spart man 150 Euro pro Jahr.
4. Baden ist billiger als Duschen.
5. Es gibt eine Bibliothek in jeder Stadt.
6. In der Bibliothek kostet es 3 Euro Bücher auszuleihen.
7. Man kann bis zu 50 Prozent sparen, wenn man früh bucht.
8. Man sollte mit einer Kreditkarte bezahlen, um Geld zu sparen.

Correct the false statements.

LISTENING

Listen to the report. Which four statements are correct?
1. Pocket money teaches children responsibility.
2. Pocket money gives children confidence.
3. Most children in Germany get pocket money each week.
4. Children under 10 should receive pocket money weekly.
5. Children over 10 should receive pocket money monthly.
6. Children should buy things for school with their money.
7. Most children don't like saving.
8. Bank accounts for young people are generally free.

WRITING

Translate the sentences into German.
1. My sister has a part-time job to earn money.
2. I'm saving for a new mobile phone.
3. I got pocket money from my mum yesterday.
4. I'll earn lots of money when I'm older.
5. I would buy a new car if I had more money.

SPEAKING

Photo card
- Beschreibe das Foto/Was passiert auf diesem Foto?
- Sparst du gern Geld? Warum (nicht)?
- „Es ist wichtig einen Teilzeitjob zu haben." Was sagst du dazu?
- Was hast du neulich gekauft?
- Hast du genug Geld?

Remember you can ask questions by using a question word or by switching the verb and pronoun:

- Wofür sparst du?
- Sparst du Geld?

6A WORK EXPERIENCE AND PART-TIME JOBS (3)

READING

Lies die Werbungen.

Jobs für die Sommerferien

A

Kellner/Kellnerin gesucht – drei Abende pro Woche – idealer Studentenjob!
Spanisches Restaurant in der Stadtmitte neben dem Busbahnhof.
Dein Profil:

- Flexibel
- Freundlich
- Hilfsbereit

Der Lohn ist 8€ pro Stunde, aber Sie bekommen dazu Trinkgeld.
Idealerweise Spanischkenntnisse (aber kein Muss).

B

Nachhilfeunterricht für Englisch und Mathe gesucht.
Muss freundlich, hilfsbereit, geduldig und nett sein.
Meine Tochter (8 Jahre) findet englische Grammatik schwer.
Einmal pro Woche – Mittwochs vor der Schule wäre am besten.

C

Wir suchen für unser Café eine Putzhilfe für zwei Stunden täglich ab 14.00 Uhr.
Abwaschen, Fenster putzen und staubsaugen.
Der Stundenlohn ist 10€.

D

Babysitterin mit Erfahrung gesucht
Wir brauchen eine Babysitterin für unsere drei Kinder (3, 5 und 7 Jahre alt) – Samstagmorgens (10–11 Uhr).
Muss Nichtraucher sein.
Eigenes Auto wäre nützlich, ist aber nicht nötig.

Welcher Job passt am besten?

1. Ich arbeite gern mit Kindern.
2. Ich möchte abends arbeiten.
3. Ich habe nachmittages frei.
4. Ich kann nur früh morgens arbeiten.
5. Ich habe schon als Putzfrau gearbeitet
6. Ich rauche nicht.
7. Ich bekomme gute Noten in der Schule.
8. Ich spreche gern Fremdsprachen.

EXTRA

Welchen Job würdest du wählen? Warum?

READING

Read the article and answer the questions in English.

Freiwilligenarbeit

Freiwilligenarbeit in Deutschland – Es gibt eine große Auswahl von Projekten und Initiativen. Du bekommst Einblicke in verschiedene Berufe, machst tolle Erfahrungen mit Menschen und kannst dein Persönlichkeitsprofil entwickeln. In den meisten Fällen arbeitest du mit anderen jungen Menschen und lernst schnell neue Freunde kennen.

Du kannst in Krankenhäusern, Kinderheimen oder Konzerthäusern arbeiten. Du kannst mit Kindern, behinderten Menschen oder Umweltgruppen arbeiten.

Freiwilligenarbeit ist auch weltweit möglich. Du gehst in ein fremdes Land, um dich in einem sozialen Projekt zu engagieren. Es gibt viele verschiedene Möglichkeiten, zum Beispiel Kinder unterrichten, Tierschutz oder Umweltschutz. Vergiss nicht , dass ein Freiwilligenprojekt im Ausland kein Urlaub ist!

Wenn du mehr erfahren willst, fülle das Formular aus und wir werden dir eine Broschüre schicken.

1. What is the article about?
2. What benefits can this type of work offer? Write **two** details.
3. Where could you do this sort of work in Germany? Give **two** examples.
4. What sort of projects are available abroad? Give **two** details.
5. What should you not expect from these projects abroad?

WRITING

Schreibe einen Bewerbungsbrief für einen Sommerjob (siehe die Werbungen).

Du kannst weitere Informationen angeben, aber du musst Informationen zu den folgenden Themen nennen:

- Warum du diesen Job möchtest
- Deine Berufserfahrung
- Deine persönlichen Qualitäten
- Stelle zwei Fragen über die Arbeit

LISTENING

Listen to Katja talking about her summer job.

1. Write **two** details about Katja's summer job.
2. Write **one** detail about her colleagues.
3. Write **three** opinions she gives about the job.

SPEAKING

Role play

- ? Teilzeitjob
- Geld verdienen – wie
- Taschengeld (**zwei** Details)
- ? Geld sparen
- Du – letzte Woche – gekauft
- Traumsommerjob

GRAMMAR

Writing a formal letter

Remember to use the **Sie** form when writing a formal letter.

Use an appropriate opening greeting

- Sehr geehrter Herr Braun – Dear Mr Braun
- Sehr geehrte Frau Schulz – Dear Mrs Schulz
- Sehr geehrte Damen und Herren – Dear Sir or Madam

End the letter appropriately:

- Mit freundlichen Grüßen

GRAMMAR

Some verbs add an extra e in certain forms:

- Ich arbeite
- Er arbeitet
- Wo arbeitest du?

READING

Translate the paragraph into English.

Meine Schwester hat letztes Jahr Freiwilligenarbeit gemacht. Sie hat vier Wochen in einem Dorf in Indien verbracht. Sie hat Englisch und Mathe unterrichtet und Sport mit kleinen Gruppen gemacht. Natürlich hat sie kein Geld verdient, aber die Erfahrung hat ihr gut gefallen. Sie wird nächsten Sommer wieder nach Indien fahren, um die Kinder wiederzusehen.

6A WORK EXPERIENCE AND PART-TIME JOBS VOCABULARY GLOSSARY

die Anzeige (-n)	advert
die Arbeit	the work
arbeiten	to work
das Arbeitspraktikum (-ka)	work experience
die Arbeitsstunden (pl.)	working hours
der Arbeitstag	working day
ausgeben	to spend (money)
das Bankkonto (Bankkonten)	bank account
das Betriebspraktikum (-ka)	work experience
sich bewerben um	to apply for
der Bewerbungsbrief (-e)	application letter
die Erfahrung (-en)	experience
etwas Praktisches	something practical
fleißig	hard working
freiwillig	voluntary
die Freiwilligenarbeit	voluntary work
gut/schlecht bezahlt	well/badly paid
im Freien	outside
kaufen	to buy
können	to be able to
die Lehre (-n)	apprenticeship
der Lehrling (-e)	apprentice
der Nebenjob (-s)	part-time job
der Nachteil (-e)	disadvantage
das Projekt (-e)	project
sammeln	to collect
Spaß machen	to be fun
sparen	to save
pro Stunde	per hour
das Taschengeld	pocket money
der Teilzeitjob (-s)	part-time job

verdienen	to earn
der Vorteil (-e)	advantage
der Babysitter	babysitter (male)
die Babysitterin	babysitter (female)
der Kellner	waiter
die Kellnerin	waitress
der Verkäufer	sales assistant (male)
die Verkäuferin	sales assistant (female)

6B SKILLS AND PERSONAL QUALITIES (1)

Read what Thomas has to say and answer the questions in English.

Ich muss einen Lebenslauf schreiben und ich finde das schwer. Klar sind einige Sachen einfach: Name, Wohnort und so weiter. Ich finde es nicht so einfach über meine persönlichen Qualitäten zu schreiben. Ich sollte meine positiven Charaktereigenschaften und auch meine Fehler auflisten. Ich habe die typische Liste von Adjektiven: freundlich, hilfsbereit, fleißig, aber was sind meine Fehler? Meine Eltern und Lehrer würden kein Problem haben, eine lange Liste zu schreiben! Manchmal faul, oft unpünktlich, unsportlich, vergesslich ... Aber das schreibt man nicht in einem Lebenslauf, oder?

1. What has Thomas got to do?
2. What is he finding easy about the task?
3. What is he finding difficult about the task?
4. Write **two** positive characteristics which he mentions.
5. Who would find it easy to write about his faults?
6. Which negative characteristics are listed? Write **two** details.

Read this extract from '*Was sind meine Stärken?*' by Svenja Hofert. Answer the questions in English.

Denken Sie jetzt bitte an drei Menschen, die Sie gut kennen. Was sind ihre Stärken? Können Sie beschreiben, was für positive Qualitäten diese Leute haben? Ich wette, dass das kein Problem für Sie ist! Die meisten Leute können drei bis sieben Stärken ohne Probleme nennen. Das geht frei und spontan.

Zu meinem Sohn kommen mir schnell im Kopf:

- Kritiker
- musikalisch
- Schreibtalent
- klug
- kocht kreativ

- humorvoll
- sportlich

Wenn ich Menschen frage, was sie als ihre Stärken ansehen, finden sie es oft schwierig. Bevor Sie weiterlesen, nehmen Sie ein Blatt Papier und schreiben Sie Ihre Stärken darauf. Sind vielleicht die folgende Wörter auf Ihrer Liste?

- kommunikationsstark
- Organisationstalent
- analytisch
- empathisch
- kreativ
- zuverlässig

Sind das Ihre Stärken oder haben Sie einfach diese Wörter oft gehört?

1. What does the author ask you to do at the start of the extract? Give **two** details.
2. What can most people do easily?
3. How would she describe her son? Give **four** details.
4. Which strengths do people often write down? Give **four** details.
5. What question does she ask at the end of the extract?

Use **gern**, **lieber** or **am liebsten** to say what you like/prefer to do:

- Ich arbeite **gern** mit Computern.
- Ich arbeite **lieber** im Freien.
- Ich arbeite **am liebsten** mit Kindern.

Hör gut zu. Welche fünf Sätze sind richtig?

1. Sie arbeitet in einem Fast-Food Restaurant.
2. Sie treibt gern Sport.
3. Sie arbeitet sechs Tage pro Woche.
4. Sie hat viele Hobbys.
5. Sie hat viele Sportschuhe.
6. Sie verdient nicht viel Geld.
7. Sie möchte in einer Großstadt arbeiten.
8. Sie hat viel Geduld.
9. Sie hat drei Kinder.
10. Sie arbeitet gern mit jungen Leuten.

Correct the five false statements.

Role play

- Dein Charakter – **zwei** Details
- Fremdsprachen – Meinung
- Du – Studium in der Zukunft
- ? Charakter
- ? Arbeit
- Du – gestern – gelernt

Translate the paragraph into German.

I like working in a team and I am creative. I can speak two languages. My teachers say that I am kind and helpful. I was shy when I was younger. I am now more confident because I have a part-time job. I would like to work with computers – maybe in an office.

6B SKILLS AND PERSONAL QUALITIES (2)

Lies die Texte. Wähle den besten Job für jede Person.

Sebastien: Ich würde gern in einer Schule arbeiten.

Klaudia: Ich bin sehr praktisch und arbeite gern mit meinen Händen.

Eli: Schalke 04 ist meine Lieblingsmannschaft. Es wäre mein Traumberuf für sie zu spielen.

Mario: Ich bin sehr kreativ und interessiere mich für Mode und Kleidung.

Christian: Ich interessiere mich für europäische Küche. Ich suche immer neue Rezepte.

Azra: Ich habe meinen Führerschein und besuche gern neue Städte. Ich arbeite lieber allein.

1. Koch(in)
2. Designer(in)
3. Fußballprofi(-)
4. LKW-Fahrer(in)
5. Polizist(in)
6. Mechaniker(in)
7. Manager(in)
8. Lehrer(in)

Most jobs add **-in** if you are using the feminine form:

- Lehrer – teacher (male)
- Lehrerin – teacher (female)
- Polizist – policeman
- Polizistin – policewoman

Some jobs use **-mann** or **-frau**:

- Geschäftsmann – business man
- Geschäftsfrau – business woman
- Putzmann – cleaner (male)
- Putzfrau – cleaner (female)

Read this personality quiz from a website about pets.

1. Wenn du neue Leute triffst, dann bist du …
   - ☑ freundlich
   - ☐ zuerst schüchtern
   - ☐ misstrauisch
2. Wuhuu, endlich einen Tag frei, was wirst du machen?
   - ☐ Ausschlafen
   - ☑ Hausarbeit
   - ☐ Mit Familie und Freunden treffen
3. Was ist dein Lieblingsessen?
   - ☑ Schokoladentorte
   - ☐ Ich esse alles, egal was
   - ☐ Steak
4. Welche Position in einer Band würdest du übernehmen?
   - ☑ Das Singen
   - ☐ Manager
   - ☐ Gitarre
5. Was siehst du am liebsten im Fernsehen?
   - ☐ Einen Krimi
   - ☑ Eine Seifenoper
   - ☐ Eine Komödie

Ergebnis: Ich bin ein *Border Collie*!

Als Arbeitstier bist du nur glücklich, wenn du richtig im Stress bist. Du bist auch sensibel und sehr intelligent. Lange schlafen und relaxen ist nichts für dich. Du arbeitest fleißig und verlässt gern deine Komfortzone. Du bist treu und hilfst gern deine Freunden, wenn sie Probleme haben.

For 1–5 summarise the question and the answer that was given. According to the quiz what does this tell us about their personality? Give as much detail as possible.

EXTRA

What would your answers to each question be?

READING

Translate the paragraph into English.

Was für eine Person bin ich? Meiner Meinung nach bin ich praktisch und fleißig, aber meine Lehrer würden sagen, dass ich manchmal faul bin. Ich habe keine Lust in einem Büro zu arbeiten. Ich arbeite lieber im Freien.

Es wäre mein Traumberuf als Profifußballspieler zu arbeiten. Leider bin ich nicht gut genug!

WRITING

Schreibe einen Satz für jeden Beruf. Welche persönlichen Qualitäten muss man haben:

- Lehrer
- Polizist
- Mechaniker
- Arzt
- Designer

LISTENING

Listen to the advice given in a careers lesson. Answer the questions in English.

1. What skill is the teacher discussing?
2. How do people often feel about it? Why?
3. What is the first piece of advice given by the teacher?
4. What does the teacher also suggest?
5. What task does the teacher set? Give **two** details.

SPEAKING

Photo card
- Beschreibe das Foto/Was passiert auf diesem Foto?
- Welche persönlichen Qualitäten braucht man für die Arbeitswelt? Warum?
- „Es ist wichtig eine Fremdsprache zu sprechen." Was sagst du dazu?
- Welche Fähigkeiten möchtest du in der Zukunft lernen?
- Qualifikationen oder Berufserfahrung – Was ist wichtiger?

6B SKILLS AND PERSONAL QUALITIES (3)

Read the top ten qualities that employers are looking for. Match 1–10 to a–j.

1. Kreativität
2. Teamfähigkeit
3. Sprachkenntnisse
4. Selbständigkeit
5. Intelligenz
6. Flexibilität
7. Lernbereitschaft – Man lernt gern neue Dinge
8. Pünktlichkeit
9. Kommunikationsfähigkeit
10. Motivation

a. Always on time
b. Intelligence
c. Creativity
d. Language skills
e. Motivation
f. Communication skills
g. Keen to learn
h. Flexibility
i. Independence
j. Team skills

Remember that you will need to use all these skills and qualities to talk about yourself. Typical questions that you might be asked are: Was für eine Person bist du? or Welche persönlichen Qualitäten hast du? You could also be asked what your positive and negative points are. Make sure that you can produce answers for all of these questions.

Think about ways of extending your responses or answering more difficult questions about your skills and personal qualities using different tenses e.g. Wie war dein Charakter, als du jünger warst? Welche Fähigkeiten möchtest du in der Zukunft lernen?

Lies den Text und fülle die Lücken aus.
Welche Charaktereigenschaften braucht man, _____(1) man als Kinderbetreuer arbeiten will?

Hier sind die _____(2) Qualitäten:

- Flexibel – Es gibt oft Veränderungen in der täglichen Routine. _____(3) ist dann besonders wichtig.
- _____(4) – Alle Eltern wissen, dass Kindererziehung Geduld braucht. Kinder müssen lernen zwischen Recht und _____(5) zu unterscheiden.
- Kinderlieb – Selbstverständlich muss man gern Zeit mit Kindern _____(6).
- _____(7) – Viele Familien suchen Kinderbetreuer, die mehr als eine Sprache sprechen.
- Kommunikativ – Man muss sowohl mit _____ (8) als auch mit anderen Erwachsenen gut reden können.
- Kreativ – Wenn man viele _____(9) (zum Beispiel, Kunstprojekte, Spiele) hat, werden die Kinder viel Spaß haben.
- Lustig – _____(10) ist eine wichtige Eigenschaft und hilft oft bei schwierigen Situationen.

zweisprachig	wichtigsten	Kindern
verbringen	geduldig	Ideen
Unrecht	Humor	
wenn	Flexibilität	

LISTENING

Listen to this advert. Answer the questions in English.

1. What is the advert for?
   a. A teacher training course
   b. A tourism school
   c. A job in a tourist information office
2. What is promised?
   a. A good salary
   b. Better working conditions
   c. Improved career prospects
3. What does the advert say is important?
   a. Leadership qualities
   b. Good qualifications
   c. A mix of theory and practical experience
4. What will you have the opportunity to do?
   a. Network
   b. Work abroad
   c. Travel

WRITING

Schreib einen Artikel für ein Jugendmagazin.
Du kannst weitere Information geben, aber du **musst** Informationen zu folgenden Themen geben:

- Deine positiven Charaktereigenschaften und deine Fähigkeiten
- Deine negativen Charaktereigenschaften
- Was du bei der Arbeit lernen möchtest

EXTRA

Wie du vor fünf Jahren warst

GRAMMAR

There are three ways of saying *you* in German:

1. **Du** is the informal version if you are talking to one person.
2. **Ihr** is the informal version if you are talking to two or more people.
3. **Sie** is the formal version.

See page 226.

SPEAKING

Conversation
- Welche persönlichen Qualitäten hast du?
- Was für Arbeit machst du gern? Warum (nicht)?
- Arbeitest du lieber allein oder in einer Gruppe? Warum (nicht)?
- Welche Fähigkeiten suchen Arbeitgeber?
- Wie würden deine Freunde dich beschreiben?
- Ist die Schule eine gute Vorbereitung für die Zukunft? Warum (nicht)?

6B SKILLS AND PERSONAL QUALITIES VOCABULARY GLOSSARY

alt	old
angenehm	pleasant
aussehen	to look, appear
bekannt	(well-)known
beliebt	popular
berühmt	famous
bescheiden	modest
böse	angry
braun	brown
breit	broad, wide
dick	thick, fat
doof	daft, stupid
dumm	stupid, annoying
dunkel	dark
dünn	thin
eingebildet	conceited, arrogant
empfindlich	sensitive
ernsthaft	serious
faul	lazy
frech	cheeky
freundlich	friendly
froh	happy, cheerful
fröhlich	merry, happy
geboren	born
gelassen	calm, cool
(gut/schlecht) gelaunt	in a good/bad mood
gesellig	sociable
glatt	straight, smooth
groß	big
hässlich	ugly
heißen	to be called
hell	light, bright
hilfsbereit	helpful

hübsch	pretty
humorvoll	humorous
intelligent	intelligent
klein	small
klug	clever
laut	loud
lebhaft	lively
lockig	curly
lustig	amusing, funny, cheerful
männlich	masculine, male
mittelgroß	medium sized
neidisch	envious
nervig	annoying
nervös	nervous
nett	nice
ordentlich	tidy, respectable
die Persönlichkeit (-en)	personality
pünktlich	punctual
rund	round
sauber	clean
scheu	shy
schlank	slim
schlau	crafty, cunning
schlecht	bad
schnell	fast
schön	beautiful, handsome, nice
schüchtern	shy
schwach	weak
selbstsicher	confident
stark	strong
still	quiet, still
die Stimme (-n)	voice
stolz	proud
streng	strict
süß	sweet
sympathisch	likeable
traurig	sad
verständnisvoll	understanding, sympathetic
weiblich	feminine, female
zornig	angry

6A WORK EXPERIENCE AND PART-TIME JOBS

6B SKILLS AND PERSONAL QUALITIES

GRAMMAR IN CONTEXT

GRAMMAR

1. JOBS
Complete the table.

MASCULINE	FEMININE
Lehrer	
	Polizistin
Putzmann	
	Sängerin
	Geschäftsfrau
Mechaniker	

Most jobs add -in for the female form but with some jobs you use -mann or -frau to differentiate.

2. ADJECTIVES
Choose a suitable adjective to complete the sentences.

1. Mechaniker – Man muss _____ sein.
2. Polizistin – Man muss _____ sein.
3. Lehrer – Man muss _____ und _____ sein.
4. Sängerin – Man muss _____ sein.
5. Putzmann – Man muss _____ sein.
6. Geschäftsfrau – Man muss _____ sein.

Use a variety of adjectives to make your work more interesting.

3. *DU* OR *SIE*?
Change the questions to use **Sie** instead of **du**.

1. Machst du gern Prüfungen?
2. Arbeitest du gern mit Kindern?
3. Wo möchtest du studieren?
4. Bekommst du Taschengeld?
5. Bist du kreativ?
6. Hast du genug Geld?

- *Du* – informal
- *Sie* – formal

4. QUESTION WORDS

Complete the question with the appropriate
question word.

1. ___ heißt du?
2. ____ wohnst du?
3. ___ für eine Person bist du?
4. ____ positive Eigenschaften
   hast du?
5. ____ ist die Prüfung?
6. _____ denkst du das?

It's really important to keep revising question
words (interrogatives) – remember that you
will have to answer unpredictable questions in
your speaking exam and you will also have to
ask a question as well. See page 223.

6. PERFECT TENSE

Fill in the correct form of **haben** or **sein** and the
correct past participle.

1. Ich _____ eine Liste. (**schreiben**)
2. Er ____ die Anzeige. (**lesen**)
3. Wir _____ in einem Team. (**arbeiten**)
4. Meine Schwester ____ in die Stadt. (**gehen**)
5. Angela ____ neue Kleidung. (**kaufen**)
6. Ich ____ kein Taschengeld. (**bekommen**)

Keep revising how to form the past tense,
especially irregular past participles. Learn
which verbs use sein instead of haben. See
page 215.

5. QUESTIONS – PAST TENSE

Rewrite the following questions in the past tense.

1. Schreibst du einen Lebenslauf?
2. Lernst du Spanisch?
3. Arbeitest du in der Stadt?
4. Wie findest du deine Kollegen?

You will have to ask a present tense question
in your role play, but you have to talk about
events in the past, present and future in the
photo card discussion and conversation. It's
really important that you recognise questions
in different tenses.

THEME: IDENTITY AND CULTURE

UNIT 3

CUSTOMS AND TRADITIONS

Read what these young people say about cooking. Write the correct name for each statement.

Hasan: Ich finde Kochen sehr entspannend, obwohl meine Mutter das stressig findet.

Rosa: Am liebsten koche ich türkische oder griechische Gerichte.

Anja: Ich kaufe gern Kochbücher, leider habe ich keine Zeit zum Kochen.

Markus: Meine Spezialität? Ich kenne die Telefonnummer des Pizza Lieferservice.

Karl: Ich benutze nie Kochbücher. Ich sehe, was im Kühlschrank ist und koche etwas damit.

Lara: Wenn ich koche, ist das immer eine Katastrophe. Normalerweise ist alles zu salzig oder sogar verbrannt.

Who …?

1. buys cook books
2. orders takeaways
3. thinks cooking is relaxing
4. enjoys cooking food from different countries
5. doesn't need recipes
6. isn't a very good cook

Read the article and answer the questions in English.

Was essen die Deutschen am liebsten?
Was ist das Lieblingsgericht der Deutschen? Fleisch, Fisch oder doch Nudeln? Eine neue Studie liefert neue Erkenntnisse über die Ernährung in Deutschland.

- Die Deutschen sind Fleischesser. Bei vier von fünf Deutschen (83 Prozent) kommen Fleisch und Wurst mehrmals in der Woche auf den Tisch – vor allem bei Männern.
- Die Pizza ist beliebter als Fleisch bei den Deutschen – für 14 Prozent gehört sie sogar zu den Lieblingsgerichten. 35 Prozent nennen Spaghetti als Lieblingsgericht.

- 75 Prozent der Befragten haben gesagt, dass Kochen Spaß macht. Allerdings kochen nur 41 Prozent täglich. Am häufigsten kochen die über-60-Jährigen.
- 12 Prozent der Befragten können keine Produkte, die Laktose oder Gluten enthalten, essen.
- 42 Prozent der Männer und 33 Prozent der Frauen essen mehrmals am Tag Schokolade, Gummibärchen oder Kekse.
- Einkaufen im Supermarkt ist immer noch beliebt. Weniger als ein Prozent bestellt die Lebensmittel im Internet. Aber jeder Fünfte nutzt das Smartphone und „googelt" beim Einkauf, um Preise zu vergleichen.

1. What is the study about?
2. How many Germans eat meat several times a week?
3. What did the study report about Italian food?
4. What does the study say about cooking? Write **two** details.
5. Who is more likely to eat sweet things?
6. What impact has technology had on grocery shopping?

Find the German for:
- meat eaters
- several times a week
- above all
- daily
- biscuits
- less than

Höre dir den Bericht an und wähle die richtige Antwort.

1. Es gibt ... Kochshows im Fernsehen.
   a. nie
   b. oft
   c. keine
2. Es gibt ... Kochshows pro Woche.
   a. über 90
   b. fast 16
   c. weniger als 19
3. „Deutschlands Meisterkoch" läuft ...
   a. am Samstagabend
   b. am Montag
   c. am Samstagmorgen
4. Das Preisgeld ist ...
   a. 1400€
   b. 1000€
   c. 100 000€
5. Der Gewinner will normalerweise ...
   a. im Restaurant feiern
   b. ein Restaurant haben
   c. ein Kochbuch schreiben
6. In der ersten Show gab es ... Verletztungen.
   a. 3
   b. 35
   c. 19

Conversation
- Was isst du gern zu Hause?
- Was isst du gern, wenn du im Urlaub bist?
- Welches deutsche Gericht möchtest du probieren? Warum?
- Wann bist du zum letzten Mal ins Restaurant gegangen? Gib Details.
- Welche typischen Spezialitäten gibt es in deiner Gegend?
- Ist deutsches Essen gesünder als englisches Essen?

Schreibe einen Artikel für einen Blog auf Deutsch. Gib Informationen, Beispiele und Erklärungen für deine Meinungen an.
Du musst Information zu den folgenden Themen aufschreiben:

- Traditionelle/typische Gerichte
- Deine Lieblingsgerichte
- Was du zu einer besonderen Feier essen und trinken würdest

Was and **wo** can be used as relative pronouns. Remember that the verb in the subordinate clause goes to the end of the sentence:

- Ich weiß nicht, **was** ich kochen werde – I don't know, what I will cook
- Ich reise gerne nach Polen, **wo** man leckere Kuchen kaufen kann – I like visiting Poland, where you can buy delicious cakes

Read these extracts from the websites of different restaurants. Match 1–8 to a–h.

1. Unsere Pizza und unsere frischen Salate gibt es auch zum Mitnehmen.
2. Wir haben auch einen großen Biergarten und eine große Terrasse mit Blick auf den Rhein.
3. Wir bieten vegetarische und vegane Speisen nach türkischer Art.
4. Ob Geburtstag, Weihnachtsfeier oder Taufe, hier können Sie alles feiern.
5. Eisspezialitäten: Hausgemacht, frisch und lecker.
6. Traditionelle deutsche Küche und Berliner Spezialitäten gibt es auf der Speisekarte.
7. Leckeres Essen und eine Nacht voller Hits der 90er bis heute.
8. Bier, Wein, Spirituosen und alkoholfreie Cocktails werden täglich serviert.

a. I like listening to music whilst eating.
b. I love desserts.
c. I want to celebrate a special occasion.
d. I want to order a takeaway.
e. I would like to eat outside.
f. I don't eat meat.
g. I like German food.
h. I don't drink alcohol.

Lies diese Bewertung über ein Restaurant. Welche fünf Sätze sind richtig?

Ich bin mit meinen Freunden in das Restaurant gegangen, um meinen Geburtstag zu feiern. Leider war der ganze Abend eine Katastrophe. Ich hatte einen Tisch für acht Personen reserviert, aber der Tisch war viel zu klein für uns und war neben der Toilette! Wir sind pünktlich angekommen, aber wir mussten 20 Minuten warten, bevor der Tisch fertig war. Der Kellner sah gestresst aus und hatte keine Zeit für uns. Unsere Vorspeise war lecker aber die Portionen waren sehr klein. Meine Suppe war nicht sehr warm und das „hausgemachte" Brot war einfaches Weißbrot, das man in einem Supermarkt kaufen kann. Es gab dann eine lange Pause, bevor die Hauptspeisen fertig waren

The restaurant review is mostly in the past tense:

• Ich bin ... gegangen/Es war ...

There is also an example of the pluperfect tense:

• Ich hatte einen Tisch reserviert – I had reserved a table

It is used to describe something that had happened before the event (in the past) which is being described. To form it you use the imperfect form of **haben** or **sein** with a past participle:

• Ich hatte schon gegessen – I had already eaten
• Ich war zur Party gegangen – I had gone to the party

und wir hatten keinen Hunger mehr. Wir konnten den Weißwein nicht trinken, weil er so sauer war.

Würde ich dieses Restaurant empfehlen? Keineswegs! Es war total schrecklich! Kleine Portionen und große Preise!

1. Die Portionen waren zu groß.
2. Das Restaurant war teuer.
3. Die Bedienung war schlecht.
4. Sein Freund hatte Geburtstag.
5. Er ist mit Freunden ins Restaurant gegangen.
6. Seine Freunde waren spät.
7. Die Toilette war klein und schmutzig.
8. Der Tisch war nicht groß genug.
9. Das Restaurant war neben dem Supermarkt.
10. Die Vorspeisen haben gut geschmeckt.

Translate the paragraph into English.

Ich war letztes Jahr für zwei Wochen in Österreich. Das Essen hat mir richtig gut gefallen, besonders die Nachtische. Österreich ist berühmt für Kuchen und es gab eine tolle Konditorei in der Nähe unseres Hotels. Ich habe jeden Tag heiße Schokolade mit Schlagsahne getrunken. Ich möchte nächstes Jahr wieder dahin fahren.

LISTENING

Listen to the conversation between Lena and Timo. Choose the correct answer.

1. Lena geht am Samstag ... ins Restaurant
   a. mit ihrer Familie
   b. mit Freunden
   c. mit Timo
2. Es gibt ein spanisches Restaurant ...
   a. im Einkaufszentrum
   b. neben dem Sportzentrum
   c. im Stadtzentrum
3. Lena isst gern ...
   a. deutsches Essen
   b. spanisches Essen
   c. indisches Essen
4. Restaurant Schlossgarten bietet ...
   a. nur deutsche Küche
   b. türkische Küche
   c. europäische Küche
5. Am Dienstag ist es ...
   a. billiger
   b. voll
   c. geschlossen
6. Die Nachtische sind ...
   a. teuer
   b. lecker
   c. gesund

EXTRA

Warum geht Lena ins Restaurant?

- nicht nur _____ sondern auch _____ – not only _____ but also _____
- nicht nur billig sondern auch lecker – not only cheap but also delicious

SPEAKING

Role play
- Essen – Meinung
- ? Essen
- ? Restaurants
- Kochen – Meinung
- Du – gestern – Abendessen
- Du – nächste Woche – Restaurant

WRITING

Schreibe eine Bewertung über ein Restaurant, das du neulich besucht hast.
Gib Informationen, Beispiele und Erklärungen für deine Meinungen.

- Wo das Restaurant war
- Was du gegessen und getrunken hast
- Die Bedienung
- Der Preis

EXTRA

Würdest du das Restaurant empfehlen? Warum (nicht)?

GRAMMAR

Relative pronouns are used to refer to a noun from a previous part of the sentence. In English the words 'who', 'which' or 'what' are usually used.

Relative pronouns send the verb to the end of the sentence. The pronoun you need to use depends on the gender of the noun you are referring back to:

- **der** – Der Tisch, der in der Ecke ist, ist viel zu klein
- **die** – Die Bäckerei, die in der Stadt ist, ist toll!
- **das** – Mein Lieblingsrestaurant, das Nandos heißt, ist in der Stadtmitte

READING

Lies den Artikel und wähle das richtige Wort in jedem Satz.

Silvester ist der letzte Tag im Jahr, also der 31. Dezember. Viele Familien feiern den Silvesterabend mit ihren Freunden zu Hause oder besuchen eine Silvesterfeier. Es gibt viele verschiedene Traditionsgerichte zu Silvester. Schweineprodukte sind beliebt, weil man glaubt, dass sie Glück bringen. In Norddeutschland isst man gern Berliner. Die Füllung ist normalerweise Aprikosenmarmelade, aber zu Silvester gibt es die komische Tradition einige mit Senf oder Zwiebeln zu füllen! Um Mitternacht stoßen die Menschen mit einem Glas Sekt an und dann beginnen die Feuerwerke, die symbolisch die Geister des alten Jahres verjagen.

1. Silvester ist **Anfang Dezember/Ende Dezember/ im Sommer**.
2. Man isst oft **Schwein/Rindfleisch/Fisch**, weil es Glück bringt.
3. Berliner haben oft eine Füllung aus **Schokolade/ Honig/Fruchtmarmelade**.
4. Um Mitternacht trinken sie **Sekt/Cola/Tee**.
5. Um 24 Uhr gibt es **warme Getränke/Kuchen/ Feuerwerke**.

EXTRA

- Wie feierst du Silvester?
- Was isst du und trinkst du?

READING

Read this extract from 'Neue deutsche Küche' by Frank Rosin. Answer the questions in English.

Deutschland liegt in der Mitte des modernen Europas – das merkt man auch an unseren Lieblingsgerichten. Heute essen wir genauso gern Pizza und Pasta, Döner und Gyros wie traditionelle Rinderrouladen und Sauerkraut. Zuwanderer aus südlichen und östlichen Ländern brachten über viele Jahre Familienrezepte und Essgewohnheiten mit. Traditionelles und Neues vermischen sich. Die moderne deutsche Küchenkultur ist von der ganzen Welt beeinflusst. Die Welt wird im Zeitalter von Flugreisen und Internet immer kleiner.

In diesem Kochbuch gibt es modern interpretierte Rezepte, die man lernen und weitergeben kann. Kochen ist am besten mit einer Familie, die zusammen kocht und isst. Früher haben Kinder das Kochen einfach durch Zuschauen zu Hause gelernt, heute brauchen wir Kochschulen. Ich würde das gern ändern.

Grundregeln:

- Zeit ist die wichtigste Zutat.
- Salz und Zucker gehören immer zusammen.
- Konzentrieren und reduzieren ist wichtig.

1. How is Germany described in the first line?
2. Where have people come from to live in Germany?
3. What impact has this had on Germany's cuisine?
4. What has made the world seem smaller? Write **two** details.
5. How would he like the book to be used?
6. What does the chef say has changed about children and cooking?
7. What does he say is the most important ingredient?

Listen to the podcast and match 1–6 to a–f.
1. 73%
2. 39%
3. 30%
4. 44%
5. 34%
6. 59%

The number of people who:

a. Are creative cooks
b. Cook because it's healthier
c. Cook traditional food
d. Eat with their family
e. Watch TV whilst eating
f. Were taught to cook by their parents

Translate the sentences into German.
1. I like watching cookery shows.
2. My dad likes cooking when he has enough time.
3. My sister cooked for the family yesterday.
4. We're going to a restaurant on Friday to celebrate my birthday.
5. I would like to learn some new recipes.

Photo card
- Beschreibe das Foto/Was passiert auf diesem Foto?
- Was isst du gern? Warum?
- „Restaurants sind zu teuer." Was sagst du dazu?
- Sprich über das letzte Mal, als du in ein Restaurant gegangen bist.
- Was ist dein Lieblingsrestaurant? Warum?

Try to give as much detail as possible in your answers, including opinions and justifications. Use a variety of tenses and structures.

It's better to make something up, if necessary, to give you the chance to 'show off' a range of structures e.g. if you haven't been to a restaurant recently, then invent a visit which allows you to develop your answers, use a range of tenses and offer and justify opinions.

7A FOOD AND DRINK VOCABULARY GLOSSARY

das Abendbrot, Abendessen	evening meal
die Ananas (-se)	pineapple
der Apfel (¨e)	apple
die Apfelsine (-n)	orange
der Appetit	appetite
die Aprikose (-n)	apricot
der Aufschnitt (-e)	(slices of) cold meat
belegtes Brot (-e)	open sandwich/roll
die Birne (-n)	pear
die Bockwurst (¨e)	type of pork sausage
die Bohne (-n)	bean
das Bonbon (-s)	sweet
braten	to roast, fry
der Braten	roast, joint
die Bratkartoffel (-n)	roast/fried potato
die Bratwurst (¨e)	grilled/fried sausage
das Brot (-e)	bread, loaf
das Brötchen (-)	bread roll
das Butterbrot (-e)	sandwich
der Champignon (-s)	button mushroom
Chips (pl.)	crisps
der/das Curry (-s)	curry
die Dose (-n)	can, tin
der Durst	thirst
durstig	thirsty
das Ei (-er)	egg
der Eintopf (¨e)	stew
das Eis	ice, ice cream
die Erdbeere (-n)	strawberry
essen	to eat
das Essen (-)	meal, food
der Fisch (-e)	fish
die Flasche (-n)	bottle
das Fleisch	meat

frisch	fresh
das Frühstück (-e)	breakfast
frühstücken	to have breakfast
das Gemüse	vegetables
das Getränk (-e)	drink
das Glas (¨er)	glass, jar
grillen	grill
das Hähnchen (-)	chicken
der Herd (-e)	cooker
die Himbeere (-n)	raspberry
der Hunger	hunger
hungrig	hungry
der Imbiss (-e)	snack bar
der/das Joghurt (-s)	yoghurt
der Kaffee (-s)	coffee
der Kakao (-s)	cocoa
das Kännchen (-)	pot
die Kartoffel (-n)	potato
der Karton (-s)	carton, box
der Käse	cheese
das/der Kaugummi (-s)	chewing gum
der Keks (-e)	biscuit
das Kilo (-s)	kilogram
der Kohl (-e)	cabbage
die Konfitüre (-n)	jam
der Kopfsalat (-e)	lettuce
das Kotelett (-e/-s)	chop, cutlet
das Kraut (¨er)	herb, plant
der Kuchen (-)	cake
das Lamm	lamb
die Lebensmittel (pl.)	groceries
lecker	tasty
die Limonade (-n)	lemonade
der Löffel (-)	spoon
löffeln	to spoon
die Marmelade (-n)	jam
die Mikrowelle (-n)	microwave
die Milch	milk
das Mittagessen (-)	lunch, midday meal
das Müsli (-)	muesli
die Nachspeise (-n)	dessert, sweet, pudding

der Nachtisch (-e)	dessert, sweet, pudding
die Nudel (-n)	noodle
das Obst	fruit
das Omelett (-s)	omelette
die Packung (-en)	pack(et)
der/die Paprika (-s)	paprika
die Paprikaschote (-n)	pepper, capsicum
die Pfanne (-n)	pan
der Pfeffer	pepper
die Pizza (-s/Pizzen)	pizza
die Platte (-n)	plate, tray
Pommes Frites (pl.)	chips, fries
die Portion (-en)	portion
die Praline (-n)	sweet, chocolate
das Rezept (-e)	recipe
das Rind	beef
das Rühr-, Spiegelei (-er)	scrambled/fried egg
saftig	juicy
die Sahne/Schlagsahne (-n)	cream/whipped cream
der Salat (-e)	salad, lettuce
das Salz	salt
die Salzkartoffel (-n)	boiled potato
die Schachtel (-n)	box (e.g. chocolates)
scharf	hot, spicy, sharp
der Schinken	ham
schmecken	to taste
die Schokolade (-n)	chocolate
das Schweinefleisch	pork
der Senf (-e)	mustard
der Speck (-e)	bacon
der Sprudel (-)	mineral water, lemonade
die Suppe (-n)	soup
die Tasse (-n)	cup
der Teller (-)	plate
die Torte (-n)	cake, flan, tart
trinken	to drink
die Tüte (-n)	bag
das Wasser	water
die Wurst (¨e)	sausage
die Zitrone (-n)	lemon
der Zucker	sugar

7B FESTIVALS AND CELEBRATIONS (1)

READING

Read the advert and answer the questions in English.

Partyschiff

Suchen Sie eine unvergessliche Partynacht? Dann ist das Partyschiff das Richtige für Sie! Partys an Land zu feiern war gestern, am besten tanzt und feiert man an Bord! Bei Livemusik und kühlen Getränken kann man die Schönheiten von Köln genießen. Auf dem Partyschiff gibt es eine Cocktailbar und einen Imbissstand mit zahlreichen Snacks (vegetarisch, warm und kalt.) Im Sommer gibt es jeden Mittwoch eine Grillparty.

Wir feiern ganzjährig – im Sommer, an Halloween, in der Weihnachtszeit, an Silvester und im Karneval.

Für Gruppen und Firmen empfehlen wir unsere VIP Karten.

Der Abfahrtsort ist nur fünf Minuten zu Fuß vom Kölner Hauptbahnhof. Wir können auch Hotelzimmer für Sie reservieren, wenn Sie nach der Party in Köln übernachten möchten.

1. What is the advert for?
2. What entertainment is available?
3. What sort of food is available? Write **two** details.
4. What happens every Wednesday?
5. Which special occasions do they cater for? Write **three** details.
6. What can they also arrange?

SPEAKING

Photo card

- Beschreibe das Foto/Was passiert auf diesem Foto?
- Feierst du lieber mit deiner Familie oder deinen Freunden? Warum?
- „Partys sind zu teuer." Was sagst du dazu?
- Wann warst du zum letzten Mal auf einer Party? Gib Details.
- Was wäre deine Traumparty?

LISTENING

Höre dir diese Werbung an. Wähle die richtige Antwort.

1. Wie alt muss man sein?
   a. 8 Jahre oder älter
   b. 8 Jahre oder jünger
   c. 18 Jahre
2. Wann kann man eine Party machen?
   a. Am Wochenende
   b. Jeden Tag
   c. In der Woche
3. Wie lange dauert eine Party?
   a. 2 Stunden
   b. 2,5 Stunden
   c. 5 Stunden
4. Was kostet eine Party für 14 Kinder?
   a. Weniger als 300 Euro
   b. Mehr als 300 Euro
   c. 10 Euro pro Person
5. Was gibt es zu Trinken?
   a. Warme Getränke
   b. Wasser
   c. Kalte Getränke

READING

Read the extract from a website. Answer the questions in English.

Es gibt täglich etwas zu feiern – Geburtstag, Hochzeit oder eine Überraschungsparty. Wir haben für dich die besten Ideen, Tipps und Planungshilfen. Also was willst du feiern? Hier sind unsere Lieblingspartythemen:

THEMA	MUSIK	KLEIDUNG	
Nerd-Brillen Party – das ist *der* Modetrend des Jahres	Partymusik der 90er Jahre	Schwarze Jeans, Sandalen, Haare nicht gestylt	
Schwarz/Weiß-Party – einfach und schnell zu organisieren	HipHop und Popmusik	Alles geht, wenn es schwarz oder weiß ist!	
Sommerparty – immer gute Laune	Sommerlieder	Hawaiihemden, Badeanzug, Sonnenbrille	
Hollywood-Party – luxuriös und zauberhaft	Berühmte Lieder aus den Filmen machen die Hitliste perfekt	Die Gäste müssen sich als Hollywoodstar verkleiden	
Hippie-Party	Alte Hits aus den 60er und 70er Jahren aber auch moderne Tracks (zum Beispiel Remixes von alten Liedern)	In Second-Hand-Läden oder Omas Kleiderschrank findet man die passende Kleidung!	

1. What should you wear to a nerd party? Write **two** details.
2. What suggestion is also given about your appearance for a nerd party?
3. Which **two** advantages are mentioned about a black and white party?
4. What music is suggested for a Hollywood party?
5. Write **two** places where you could get an outfit for a hippy party?
6. What sort of music should be played at a hippy party?

EXTRA

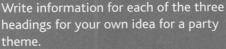

Write information for each of the three headings for your own idea for a party theme.

WRITING

Schreibe einen Satz zu jedem Thema:
- Deine Meinung über Partys
- Was du normalerweise zum Geburtstag isst und trinkst
- Was du an deinem letzten Geburtstag gemacht hast
- Was du an deinem nächsten Geburtstag machen wirst
- Deine Traumparty

Remember that when adjectives are used before a noun they need to agree. See page 221 for details.

- Diese Cocktails sind alkoholfrei.
  Wir haben alkoholfreie Cocktails.
- Es gibt ein Restaurant. Es ist preiswert.
  Es gibt ein preiswertes Restaurant.

7B FESTIVALS AND CELEBRATIONS (2)

READING

Read the list of items you are recommended to take to a music festival. Match 1–10 to a–j.

1. Man muss sein Handy dabei haben (und viellecht eine extra Batterie).
2. Taschenlampe – <u>es ist so viel einfacher sein Zelt zu finden.</u>
3. Es gibt nie Papier in den Toiletten – Klopapier muss man mitbringen!
4. Wenn es regnet, sind Gummistiefel natürlich nützlich.
5. <u>Vergiss deinen Schlafsack nicht!</u>
6. Stundenlang in der Sonne stehen? <u>Sonnencreme ist ein Muss.</u>
7. Pulli und Jacke (auch im Sommer können die Nächte kalt sein).
8. Nimm Pflaster und Tabletten gegen Kopschmerzen mit.
9. Getränke (viel Wasser und Saft).
10. Hoffentlich scheint die Sonne und man braucht eine Sonnenbrille.

a. Sun cream
b. Mobile phone
c. Wellies
d. Sunglasses
e. First aid kit
f. Warm clothes
g. Sleeping bag
h. Toilet paper
i. Torch
j. Soft drinks

EXTRA

Translate the underlined phrases.

Lies den Artikel. Wer hat was gesagt? – Freya, Ahmet oder Freya *und* Ahmet.

Festivals sind das Beste/Schlimmste auf der Welt. Hier sind zwei verschiedene Meinungen.

Freya: Ich fahre jeden Sommer auf Festivals. Letzten Juli war ich auf einem tollen Musikfestival in Aachen. Meine Freunde konnten nicht mitkommen, weil die Karten zu teuer waren (120 Euro), aber das war mir egal. Ich habe viele neue Freunde kennengelernt. Leider hat es viel geregnet und nachts war es eiskalt. Die Musik war klasse und ich bin von Bühne zu Bühne gegangen, um verschiedene Gruppen zu sehen! Ich habe schon meine Karte für ein Fest in Portugal nächsten Sommer gekauft.

Ahmet: Ich bin letzten Sommer zum ersten Mal zu einem Musikfestival gegangen – nie wieder! Ich habe mehr als 100 Euro für eine Karte bezahlt und bin mit meiner Freundin Rosa dahingegangen. Das Wetter war schrecklich – kein Sonnenschein, nur Regen! Die Duschen und Toiletten waren wie eine Szene aus einem Horrorfilm. Ich würde nie wieder zu einem Musikfestival gehen. Nächstes Jahr werde ich nach Portugal fahren und mich in einem Luxushotel entspannen!

1. Ich bin letzten Sommer zu einem Musikfestival gegangen.
2. Musikfestivals gefallen mir gut.
3. Ich hasse Musikfestivals.
4. Die Karte war teurer als 100 Euro.
5. Ich bin allein zum Musikfestival gegangen.
6. Das Wetter war nicht gut.
7. Ich würde wieder zum Musikfestival gehen.
8. Nächstes Jahr fahre ich nach Portugal.

Role play
- **?** Geburtstag
- **?** Partys
- Du – Geschenke – letztes Jahr
- Dein Geburtstag (**zwei** Details)
- Dein Lieblingsfest (**zwei** Details)
- Deine ideale Party

Schreibe einen Artikel für eine Schulzeitung. Gib Informationen, Beispiele und Erklärungen für deine Meinungen an.
- Feste in deiner Gegend
- Musikfeste – negative Aspekte
- Ein Musikfest, das du besuchen möchtest

Listen to this interview. Write the information required in English.

Dates of the festival:

Entry price:

Number of festival goers expected:

Where the acts are from:

Weather forecast:

When using modal verbs to talk about events in the past you usually need to use the imperfect tense.

Here are the **ich** forms:

- ich konnte – I could
- ich durfte – I was allowed to
- ich sollte – I was supposed to
- ich musste – I had to
- ich wollte – I wanted to

See page 219 for more information.

7B FESTIVALS AND CELEBRATIONS (3)

READING

Lies den Artikel und wähle das richtige Wort.

Usain Bolt, der Sprintstar aus Jamaika, war zum dritten Mal auf dem Oktoberfest in München. Es gab viele Fotos und Videos auf Instagram „Oktoberfest, hier komme ich" hat er geschrieben. Der Weltmeister hat sogar Lederhose und einen traditionellen Hut getragen – nicht so traditionell (aber bestimmt bequemer) waren seine Turnschuhe! Bolt hat ein Duett mit Felix Neureuther gesungen – das war keine Volksmusik, wie man sie normalerweise erwartet, sondern das Pop-Lied „Downtown". Natürlich hat der Sportler Bier getrunken, aber leider beginnt nächste Woche wieder das Training, dann darf er nur Mineralwasser trinken.

1. Usain Bolt war in **Jamaika/Süddeutschland/England**.
2. Beim Oktoberfest hat er **traditionelle/seine eigene/billige** Kleidung getragen.
3. Er trägt **normalerweise/keine/nie** Sportschuhe.
4. Beim Oktoberfest hört man normalerweise **klassische Musik/Popmusik/Volksmusik**.
5. Wenn er trainiert, trinkt er **keinen Alkohol/kein Wasser/Cola**.

READING

**Read this extract from 'Laduma heißt Tooor'
by Cathlin Kockel. Answer the questions in
English.**

Regen im Winter war in Soweto, Südafrika sehr ungewöhnlich. Es war kalt in der Hütte, und er zog die dicke Bettdecke über sich. Da er noch nicht aufstehen musste, flüchtete sich Aka in seinen Lieblingstraum: Er war einer der 94 700 Zuschauer im Soccer City Stadion. Er durfte das Weltmeisterschafts-Eröffnungsspiel der südafrikanischen Mannschaft live sehen. Bei der ersten Weltmeisterschaft in Afrika. In *seinem* Stadion. In seinem Traum hat Siphiwe Tshabalala, bester Spieler seines Lieblingsclubs Kaizer Chiefs und Stammspieler in der Nationalelf, ein Tor geschossen.

„Akani, aufstehen! Hörst du nicht? Du kommst zu spät zur Schule!" schrie seine Mutter.

Das bleibt nur ein Traum. Er könnte sich nie im Leben eine Eintrittskarte für das Eröffnungsspiel leisten. Viel zu teuer! Sein Vater hatte eine Karte, aber er hatte die Eintrittskarte einem Freund gegeben. Er wollte die Tickets den reichen Touristen zu hohen Preisen verkaufen.

1. What is unusual about the weather?
2. Which football game is Aka dreaming of?
3. What would make this game so special?
4. Which two clubs does Siphiwe Tshabalala play for?
5. What interrupts his dream?
6. Why won't he be able to attend the opening game?
7. What did his dad do with the ticket? Why?

READING

Translate the paragraph into English.

Ich war letzte Woche an Karneval in Düsseldorf. Es hat viel Spaß gemacht, weil ich mit meinen Freunden da war. Wir haben stundenlang getanzt und neue Freunde aus ganz Europa kennengelernt. Die Kostüme waren wunderschön und ich habe eine Karnevalsmaske als Souvenir gekauft. Jetzte verstehe ich, warum Karneval eine beliebte Tradition in Deutschland ist.

GRAMMAR
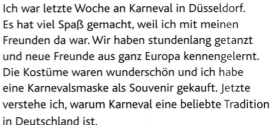

To give a date in German you need to add **-ten** or **-sten** (from 20 onwards) to most numbers:

* am – on
* am vier**ten** Juli – on the 4th July
* am zwanzig**sten** August – on the 20th August

There are some irregular forms (see page 227 for details):

* am Ersten – on the 1st
* am Dritten – on the 3rd
* am Siebten – on the 7th

LISTENING

Listen to this advert for the annual duck race in Tübingen. Write the information required in English.

Date of event:

Start time:

Length of event:

Number of ducks:

Entry cost:

Prizes:

Conversation
SPEAKING

- Gehst du gern auf Partys? Warum (nicht)?
- Sind Partys und Feste zu teuer?
- Was ist dein Lieblingsfest (in deiner Gegend)? Warum?
- Warst du schon bei einem Musikfest?
- Welches Fest möchtest du besuchen?
- Sind Traditionen wichtig? Warum (nicht)?

WRITING

Translate the sentences into German.

1. Lots of tourists visit festivals for the atmosphere.
2. Children like going to birthday parties.
3. I went to a music festival last year.
4. In my opinion traditions aren't very important.
5. He bought tickets for the World Cup even though they were expensive.

The verb 'to meet' can be translated in more than one way:

- treffen – to meet (to meet up with someone)
  Ich treffe meinen Freund im Restaurant.
- kennenlernen – to meet (to get to know)
  Ich lerne gern neue Leute kennen.

7B FESTIVALS AND CELEBRATIONS VOCABULARY GLOSSARY

der Adventsmarkt (¨e)	Christmas market
der Christkindlmarkt (¨e)	Christmas market
die Feier (-n)	party
der Feiertag (-e)	public holiday
das Fest (-e)	festival
das Feuerwerk (-e)	firework
der Heiligabend (-e)	Christmas Eve
der Nikolaustag (-e)	St Nicholas' Day
das Oktoberfest (-e)	beer festival (Munich)
Ostern	Easter
Silvester	New Year
der Tag der Deutschen Einheit (-e)	Day of German Unity
die Weiberfastnacht (¨e)	Women's Carnival Day
Weihnachten	Christmas
die Besucher (pl.)	visitors
besuchen	to visit
die Bühne (-n)	stage
dauern	to last
feiern	to celebrate
der Geburtstag (-e)	birthday
der Geburtstag (-e)	birthday
das Getränk (-e)	drink
die Gruppe (-n)	group
die Hochzeit (-en)	wedding
der Karneval (-e/-s)	carnival
die Karte (-n)	ticket
das Kostümfest (-e)	fancy dress party
die Maske (-n)	mask
das Musikfestival (-s)	music festival
organisieren	to organise
die Party (-s)	party

planen	to plan
der Preis (-e)	price
die Spezialität (-en)	speciality
stattfinden	to take place
das Thema (-en)	theme
die Tradition (-en)	tradition
die Traumparty (-s)	dream party
die Überraschungsparty (-s)	surprise party
sich verkleiden	to dress up as
die Weltmeisterschaft (-en)	World Cup
zahlreich	numerous

7A FOOD AND DRINK
7B FESTIVALS AND CELEBRATIONS
GRAMMAR IN CONTEXT

GRAMMAR

1. *WAS* OR *WO*?

Complete the sentence with either **was** or **wo**.

1. ___ liegt das Restaurant?
2. Die Konditorei, ___ ich normalerweise Kuchen kaufe, ist in der Stadtmitte.
3. Das Restaurant, ___ mein Geburtstagsparty ist, ist relativ teuer.
4. ___ ist dein Lieblingsessen?
5. Ich weiß nicht, ___ man einen guten Biergarten findet.

As well as being common question words, was and wo can be used to introduce a subordinate clause. Remember that the verb goes to the end of the sentence.

2. RELATIVE PRONOUNS

Join the sentences together using a relative pronoun.

1. Ich mag das Café. Das Café liegt neben der Schule.
2. Das Restaurant ist sehr groß. Das Restaurant heißt *Bleibtreu*.
3. Die Konditorei hat leckere Kuchen. Die Konditorei ist im Einkaufszentrum.
4. Der Supermarkt ist groß. Der Supermarkt ist auch preiswert.
5. Die Bäckerei ist toll. Die Bäckerei ist montags geschlossen.
6. Der Biergarten ist wunderbar. Der Biergarten ist groß.

Relative pronouns send the verb to **the** end of the sentence. The pronoun you **need** to use depends on the gender of the noun **you** are referring back to. See page 213.

3. NUMBERS REVISION

Fill in the gaps in German.

1. Die genaue Zahl war _____ (73) Prozent.
2. _____ (39) Prozent essen vor dem Computer.
3. Mein Vater hat mehr als _____ (140) Kochbücher.
4. Silvester ist am _____ (31st) Dezember.
5. Die Feuerwerke haben _____ (1350) Euro gekostet.
6. Die Party ist am _____ (1st) März.

> Keep revising numbers (including dates – see page 227) as they are useful in so many different topics.

4. ADJECTIVE ENDINGS

Add the correct ending to the adjective.

1. Ich trinke gern (**warm**) Getränke.
2. Es gibt ein (**türkisch**) Restaurant.
3. Ich werde (**schwarz**) Jeans tragen.
4. Wir verkaufen (**preiswert**) Snacks.
5. Buchen Sie eine (**unvergesslich**) Party!
6. Mein (**älter**) Bruder ist Vegetarier.

> Remember that when adjectives are used before a noun they need to agree. See page 221 for details.

5. MODAL VERBS

Choose the word which best completes the sentence (konnte/dürfte/sollte/musste/wollte). Sometimes more than one word will be suitable but will change the meaning of the sentence. Then translate the sentences.

1. Ich _____ eine Party haben.
2. Ich _____ ins Restaurant gehen.
3. Ich _____ nicht kochen, als ich jünger war.
4. Ich _____ mit meiner Familie feiern.
5. Ich _____ zum Musikfestival gehen.
6. Ich _____ Karten kaufen.

> When using modal verbs to talk about events in the past you usually need to use the imperfect tense. See page 219.

6. DATES

Write the following dates in German.

1. On the 10th June
2. On the 15th December
3. On the 3rd January
4. On the 24th February
5. On the 1st October
6. On the 7th May

> To give a date in German you need to add -ten or -sten (from 20 onwards) to most numbers. But be careful as there are some irregular forms. See page 227.

THEME: LOCAL, NATIONAL, INTERNATIONAL AND GLOBAL AREAS OF INTEREST

UNIT 3

GLOBAL SUSTAINABILITY

8A ENVIRONMENT (1)

Read what these young people think about environmental issues and choose the correct person for statements 1–8.

Andreas: Meine Familie verschwendet zu viel Wasser. Mein Vater wäscht das Auto jede Woche.

Sarah: Wenn ich einkaufe gehe, fahre ich immer mit dem Bus.

Karl: Es gibt viele Chemikalien in unseren Flüssen wegen der Industrie.

Mia: Die Busverbindungen sind in meinem Dorf nicht so gut.

Oskar: Ich trenne täglich Altpapier und Altglas.

Paulina: Wenn ich einkaufen gehe, benutze ich nie Plastiktüten. Ich nehme eine Stofftasche mit.

Florian: Ich mache immer die Lichter aus, um Geld und Energie zu sparen.

Katja: In der Schule benutzen wir Solarenergie – billiger und umweltfreundlicher!

Who …?

1. is worried about water pollution
2. thinks alternative energy is a good idea
3. tries not to waste energy
4. takes their own shopping bag
5. uses public transport
6. criticises public transport
7. thinks they use too much water
8. recycles every day

Find the German for:
- every week
- chemicals
- connections
- cheaper
- village
- every day
- to save

Remember that some verbs have a separable prefix which splits off from the verb and goes to the end of the sentence in present tense sentences:

- *mitnehmen* – Ich **nehme** eine Stofftasche **mit**
- *ausmachen* – Ich **mache** immer die Lichter aus

Check how to use these verbs in different tenses (see pages 228–234):

- Past: Ich habe eine Stofftasche mitgenommen, Ich habe die Lichter ausgemacht
- Future: Ich werde eine Stofftasche mitnehmen, Ich werde die Lichter ausmachen
- Conditional: Ich würde eine Stofftasche mitnehmen, Ich würde die Lichter ausmachen

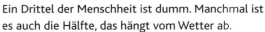

Lies diese Passage aus dem Buch „Millionär" von Tommy Jaud. Sind die Sätze richtig (R), falsch (F) oder nicht im Text (NT)?

Ein Drittel der Menschheit ist dumm. Manchmal ist es auch die Hälfte, das hängt vom Wetter ab.

Wie jeden Morgen um 8 Uhr 44 stehe ich an meiner Haltestelle und warte auf den altmodischen, weiß-roten Bus (Linie 8), der mich ins Büro bringt. Noch drei Minuten, steht auf der Anzeigetafel.

Mein Büro ist in einem Viertel, in dem es das ganze Jahr über aussieht wie direkt nach einem Bürgerkrieg. Im Zickzack-Kurs bahne ich mir meinen Weg durch zerbrochene Bierflaschen, Pizzareste und Supermarkt-Prospekte. Kurz vor dem Büro donnert ein Müllfahrzeug an mir vorbei. Auf der Seite des Wagens steht in großen Lettern: *Für ein sauberes Köln. Für Sie.* Zwei zerbrochene Beck's-Flaschen später bin ich bei Shahins Internetcafé. Das ist mein Büro. Der Vorteil ist, dass ich hier von neun bis zwölf für nur einen Euro ins Netz kann.

1. Er steht um acht Uhr auf.
2. Der Bus ist modern.
3. Er muss noch drei Minuten an der Haltestelle warten.

4. Der Bus ist sehr umweltfreundlich.
5. Es gibt viel Müll auf den Straßen.
6. Internetzugang kostet 1€ pro Stunde.

READING

Translate the paragraph into English.

Meine Familie ist sehr umweltfreundlich. Im Sommer fährt meine Schwester jeden Tag mit dem Rad zur Schule. Im Winter fährt sie lieber mit dem Auto, weil es kalt ist. Zu Hause trenne ich zweimal pro Woche Altpapier und Altglas, um die Umwelt zu schützen. Meine Eltern werden bald Solaranlagen auf dem Dach installieren.

WRITING

Schreibe einen Satz zu jedem Thema:
• Wie umweltfreundlich du bist
• Unwetter
• Umweltprobleme in deiner Gegend

LISTENING

Listen to the news report and answer the questions in English.
1. What was the weather like in Bamberg yesterday?
2. What happened as a result?
3. What warning is given?
4. What was unusual about the weather in Hamburg?
5. What is the forecast for the weekend?

SPEAKING

Role play
• **?** Umwelt
• **?** Recycling
• Umweltprobleme in deiner Gegend (**zwei** Details)
• Umwelt – Meinung
• Du – letzte Woche – Recycling
• Du – nächste Woche – Umwelt helfen

Read the recycling instructions and answer the questions in English.

Müllinfos – Was gehört in welche Tonne?

A. Gelbe Tonne
JA – Plastikflaschen, Alu-Folie, Dosen
NEIN – Glasflaschen, Plastikspielzeuge, Plastiktüte

B. Biotonne
JA – Gartenabfall, Blumen, Obstreste, Kaffee, Teebeutel
NEIN – Asche, Blumentopf aus Plastik
Achten Sie bitte darauf, dass die Tonne nicht zu schwer wird (max. 110 kg)

C. Papiertonne
JA – Zeitungen, Schulhefte, Geschenkpapier
NEIN – Milchkartons, Küchenrolle, Servietten
Diese Abfälle sind besonders gefährlich für die Umwelt: Kühlschränke, Elektroschrott (Computer, Handys, Fernseher) oder Energiesparlampen. Bringen Sie solche Abfälle zu den öffentlichen Sammelstellen.

Write two items which are/are not allowed in each container.

1. Why do you need to be careful when getting rid of garden waste?
2. Which items are said to be especially damaging to the environment? Write three examples.

Schreibe eine Werbung für eine Umweltbroschüre.
Du kannst weitere Informationen angeben, aber du musst Informationen zu den folgenden Themen nennen:

· Was man recyceln kann
· Warum man recyceln muss
· Tipps für Mülltrennung zu Hause

Read the article and answer the questions in English.

30 Tage 30 Dinge – Unser Ziel ist es, 30 Tage lang schöne Dinge aus Müll zu machen und einen Blog darüber zu schreiben. Damit werden Sie hoffentlich Inspiration finden.

Was ist Upcycling?
Upcycling ist so wie Recycling eine Art der Müllvermeidung. Man verwendet Abfall, um neue Produkte herzustellen. Das ist umweltfreundlicher als Recycling, weil es weniger Energie benötigt. Man spart auch Ressourcen für die Neuproduktion.

Warum ist Upcycling so modisch?
Natürlich ist es besser für die Umwelt und man bekommt neue Dinge, ohne dafür Geld zu bezahlen. Mit Upcycling zollt man den Materialien seinen Respekt und es macht gleichzeitig Spaß und ist kreativ.

Mitmachen!
Mach mit und schick uns deine Upcycling-Ideen. Bitte schick uns:

· Fotos von deiner Idee (mit Titel)
· Erklärungstext (welche Materialien du verwendet hast, wer du bist)
· Videos oder ein Tutorial zum Nachbauen

1. What is the project going to do?
2. What is the aim of the project?
3. What are the environmental advantages of upcycling? Write **two** details.
4. What are the advantages of upcycling for individuals?
5. How can you get involved? Write **two** details.

Höre dir dieses Interview an. Fülle die
Lücken aus.

1. Der Bericht handelt von _____.
2. Das Problem ist am schlimmsten in

    _____.
3. Luftverschmutzung ist gefährlich für

    _____.
4. Am besten fährt man mit dem _____.
5. Die Regierung muss vielleicht Autos in der Stadt

    _____.
6. Die Industrie muss mehr Geld für _____
    ausgeben.

Atomkraftwerke	verbieten
Auto	Taxi
Bus	Dörfern
alternative Energie	ermutigen
Luftverschmutzung	Großstädten
alte Leute	

Leute mit Gesundheitsproblemen

Photo card

- Beschreibe das Foto/Was passiert auf diesem
  Foto?
- Ist es wichtig umweltfreundlich zu sein?
- „Recycling ist zu kompliziert." Was sagst du
  dazu?
- Was hast du letzte Woche gemacht, um
  umweltfreundlich zu sein?
- Wie könnte man Umweltprobleme in deiner
  Gegend verbessern?

Lies die Sätze und fülle die Lücken aus.

1. Strom kostet im Durchschnitt 400 Euro pro _____ für eine typische _____.
2. _____ haben eine garantierte Lebensdauer von mehr als 20 _____.
3. Sieben _____ des Stroms in _____ stammt aus Windenergie.
4. Es gibt oft _____ gegen Windparks.
5. Wasserkraft: _____ aus Seen, _____ und Meeren.
6. 300 000 Menschen _____ in der Branche der _____ Energie.

Flüssen	Proteste	Prozent
alternativen	Jahren	typische
Deutschland	Solaranlagen	Elektrizität
Monat	arbeiten	

Read the article and answer the questions in English.

Erneuerbare Energien – Informationen für Kinder

Fossile Brennstoffe wie Erdgas, Kohle und Öl haben zwei große Nachteile:

- Kohlendioxid entsteht durch die Verbrennung dieser Stoffe.
- Diese Ressourcen gehen in der Zukunft zu Ende.

Erneuerbare Energien sind Energien aus Quellen wie Wind, Sonnenenergie und Wasserkraft.

Windenergie – In vielen Regionen Deutschlands gibt es viel Wind, vor allem an der Küste. Mit Windkraftanlagen kann man viel Energie erzeugen und das ist gut für die Umwelt.

Solarenergie – Es ist schön, wenn die Sonne scheint. Es ist dann hell und warm, sodass du mit Freunden auf den Spielplatz oder ins Schwimmbad gehen kannst. Aber das Licht und die Wärme der Sonne kann man auch zum Erwärmen von Wasser und zur Elektrizitätsproduktion nutzen.

Wasserkraft – Diese Art der Energieerzeugung ist sehr umweltfreundlich. Man kann Strom ohne Öl, Gas oder Kohle produzieren.

1. What is the article about?
2. Who is the article aimed at?
3. Which disadvantages of fossil fuels are mentioned in the article?
4. Which alternatives are mentioned in the report? Write **three** details.
5. Where is the best place for wind farms in Germany?

EXTRA

Find the German for:
- carbon dioxide
- to produce
- solar energy
- renewable energy

SPEAKING

Conversation
- Was machst du normalerweise, um umweltfreundlich zu sein?
- Warum ist Recycling wichtig?
- Wie kannst du Energie zu Hause sparen?
- Was hast du letzte Woche gemacht, um umweltfreundlich zu sein?
- Was wirst du nächste Woche machen, um die Umwelt zu schützen?
- Was sind die schlimmsten Umweltprobleme in deiner Gegend?

WRITING

Translate the sentences into German.
1. There are a lot of environmental problems in my town.
2. Recycling is complicated and I haven't got enough time.
3. I buy local products to protect the environment.
4. There used to be less air and water pollution.
5. My school will install solar panels next year.

LISTENING

Listen to the report and choose the correct answer.
1. Energy prices are …
   a. going down
   b. going up
   c. staying the same
2. Leaving a TV on stand-by costs …
   a. up to €100 a year
   b. more than €150 per year
   c. up to €150 per year
3. Tip 2 is about …
   a. solar panels
   b. light bulbs
   c. saving water
4. What has happened to water use since 1950?
   a. It's doubled
   b. It's tripled
   c. It's halved
5. Air conditioning …
   a. is noisy
   b. is essential
   c. wastes petrol
6. Buying fruit from abroad …
   a. can damage the environment
   b. is more expensive
   c. guarantees better quality

GRAMMAR

When listening for numbers watch out for keywords which give more information or emphasise the meaning:

- bis zu – up to
- doppelt so viel – twice as much
- fast – almost
- im Durchschnitt – on average
- knapp – barely/nearly
- mehr als – more than
- sinken – to sink/fall
- steigen – to rise
- weniger als – less than
- zwischen – between

8A ENVIRONMENT VOCABULARY GLOSSARY

atmen	to breathe
bewölkt	cloudy, overcast
der Blitz (-e)	lightning
blitzen	to flash
der Donner	thunder
donnern	to thunder
eisig	icy
frieren	to freeze
frisch	fresh
der Frühling (-e)	spring
das Gewitter	storm
das Glatteis	black ice
die globale Erwärmung (-en)	global warming
der Grad (-e)	degree (temperature)
heiß	hot
heiter	bright (weather), cheerful
hell	bright, light
der Herbst (-e)	autumn
der Himmel	sky, heaven
hoch	high
die Höchsttemperatur (-en)	highest temperature
das Jahr (-e)	year
die Jahreszeit (-en)	season
das Jahrhundert (-e)	century
jährlich	annually
kalt	cold
klar	clear
das Klima (-ta)	climate
die Klimaanlage (-n)	air conditioning
langsam	slow(ly)
mild	mild
der Monat (-e)	month
der Morgen (-)	morning
die Nacht (¨e)	night

nass	wet
die Natur (-en)	nature
natürlich	natural
der Nebel	fog
nebelig	foggy
niedrig	low
der Regen	rain
der Regenwald (¨er)	rain forest
regnen	to rain
regnerisch	rainy
ruhig	quiet, peaceful
der Schauer (-)	shower
scheinen	to shine
schlecht	bad
der Schnee	snow
schneien	to snow
schön	beautiful, lovely
der Sommer	summer
die Sonne (-n)	sun
sonnig	sunny
der Strom (¨e)	electricity
der Sturm (¨e)	storm
der Tag (-e)	day
die Temperatur (-en)	temperature
das Thermometer	thermometer
tief	deep, low
die Tiefsttemperatur (-en)	lowest temperature
der Treibhauseffekt (-e)	greenhouse effect
trocken	dry
tropisch	tropical
das Unwetter	thunderstorm
warm	warm
die Wärme (-n)	warmth
die Wettervorhersage (-n)	weather forecast
wild	wild
die Woche (-n)	week
die Wolke (-n)	cloud
wolkig	cloudy

das Abgas (-e)	exhaust gas
der Atommüll	atomic waste
ausschalten	to switch off
das Auto (-s)	car
der Autofahrer (-)	motorist, driver
benutzen	to use
das Benzin	petrol
der Berg (-e)	mountain
die Blume (-n)	flower
der Brennstoff (-e)	fuel
Chemikalien (pl.)	chemicals
der Dunst (-)	haze, vapour
die Energie (-n)	energy
die Energiequelle (-n)	source of energy
das Entwicklungsland (¨er)	developing country
die Gefahr (-en)	danger
gefährdet	endangered
gefährlich	dangerous
das Gerät (-e)	gadget
das Holz (¨er)	wood (material)
die Industrie (-n)	industry
die Insel (-n)	island
die Katastrophe (-n)	catastrophe
die Kernenergie (-n)	nuclear energy
das Kernkraftwerk (-e)	nuclear power station
die Krise (-n)	crisis
der Lärm (-)	noise
leben	to live
das Leben	life
die Lebensgefahr (-en)	danger to life
das Loch (¨er)	hole
die Lösung (-en)	solution
die Luft (¨e)	air
der Mangel (¨)	lack
öffentlich	public
das Öl (¨e)	oil
der Ölteppich (-e)	oil slick
die Ozonschicht (-en)	ozone layer
das Problem (-e)	problem
reduzieren	to reduce
sauer	acid, sour

schaden	to damage
der Schaden (¨e)	damage
der Schadstoff (-e)	harmful substance
die Solarenergie	solar energy
sparen	to save
die Spraydose (-n)	spray can
stören	to disturb
umstellen	to convert/relocate
die Umwelt	environment
umweltfreundlich	environmentally friendly
verbrennen	to burn (off)
verhindern	to prevent
der Verkehr	traffic
das Verkehrsmittel	means of transport
verpesten	to pollute
verschmutzt	polluted
die Verschmutzung (-en)	pollution
verschwenden	to waste
verursachen	to cause
verwenden	to use
der Wald (¨er)	forest
die Warnung (-en)	warning
die Wasserenergie (-n)	hydro energy
die Windenergie (-n)	wind energy
zerstören	to destroy
die Zerstörung (-en)	destruction
die Zone (-n)	zone

8B SOCIAL ISSUES (1)

READING

Lies die Texte und verbinde die Paare 1–6 und a–f.

1. Rund 3000 Menschen in Berlin müssen im Freien schlafen – in Parks oder unter Brücken.
2. Über 900 Millionen Menschen weltweit haben nicht genug zu essen.
3. 72 Millionen Kinder weltweit können nicht zur Schule gehen.
4. Der Kampf gegen Antibiotika-Resistenzen steht im Fokus.
5. 15 Prozent der Bevölkerung gelten als arm, das heißt, sie haben ein Einkommen von unter 940 Euro pro Monat.
6. Das Wasser ist knapp. Es gibt nicht genug Trinkwasser. Pflanzen und Tiere sterben.

a. Armut
b. Gesundheitsprobleme
c. Obdachlosigkeit
d. Hunger
e. Dürre
f. Bildung

EXTRA

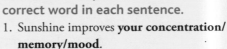

Translate statements 1, 2 and 5 into English.

LISTENING

Listen to the report and choose the correct word in each sentence.

1. Sunshine improves **your concentration/ memory/mood**.
2. You can **work/read/cook** in the garden.
3. It's recommended to spend **5/10/15** minutes per day in the sun.
4. People are more likely to use sun cream **on holiday/in the garden/in the middle of summer**.
5. Last year **1/1.5/5** million Germans were diagnosed with skin cancer.

SPEAKING

Photo card

- Beschreibe das Foto/Was passiert auf diesem Foto?
- Ist es wichtig, anderen Leuten zu helfen? Warum (nicht)?
- „Ich gebe kein Geld an Wohltätigkeitsorganisationen." Was sagst du dazu?
- Was hast du neulich gemacht, um Wohltätigkeitsorganisationen zu helfen.
- Was sind die schlimmsten Sozialprobleme auf der Welt?

Read this extract from *Obdachlos über Nacht* by Olga Usherova. Answer the questions in English.

Ich war hungrig. Ein schrecklicher Hunger, der meinen Körper unter Kontrolle hat. Ich hatte schon seit drei Tagen nichts mehr gegessen. Mein Mund war trocken und ich hatte schreckliche Kopfschmerzen. Kennt ihr das Gefühl? Wahrscheinlich nicht! Ich lebte auf der Straße. Neben mir saßen Obdachlose, denen manche Menschen ein paar Cent in ihre Spardosen warfen. Manche Obdachlose spielten Geige oder Gitarre, um sich ihr täglich Brot zu verdienen. Leider konnte ich kein einziges Instrument spielen. Neben mir lag eine Tasche. Ein Handy mit leerer Batterie, eine blöde Armbanduhr, eine Digitalkamera, ein Notizblock und eine leere Geldbörse war alles, was ich hatte.

Am schlimmsten fand ich es, wenn Menschen ihr Essen einfach in den Mülleimer warfen, weil es ihnen nicht schmeckte. Ich lauschte der Musik der Straßenmusikanten. Der Klang inspirierte mich zum Zeichnen von Bildern und Gedichten. Es war gut, wenn ich meine Probleme vergessen konnte, wenn auch nur für einen kurzen Moment!

1. How is the character feeling? Write **two** details.
2. Why does she feel like this?
3. How do some homeless people get money?
4. What does she find especially annoying?
5. What helps her briefly forget her problems?

There are several examples of verbs in the imperfect tense in the extract. Some should be more familiar like hatte (had), war (was) or konnte (could) and you should aim to use these when speaking or writing about events in the past.

You would normally use modal verbs in this tense too e.g. musste (had to).

There are other verbs in the imperfect tense which you should be able to recognise in written texts like this e.g. lebte (lived) or spielten (played). See page 217.

Schreibe einen formellen Brief an die Regierung über ein globales Problem. Gib Informationen, Beispiele und Erklärungen für deine Meinungen an.

- Welches Problem dir Sorgen macht
- Warum man anderen Leuten helfen sollte
- Wie man das Problem lösen könnte

Remember to set this out like a formal letter with an appropriate start and end. You will also need to use the Sie form. It is helpful if you plan your response:

- Say which global issue worries you and use appropriate verbs to give your opinions e.g. Das Problem, das mir Sorgen macht, ist ... You could explain what kind of problems it causes or how it affects people. You could also say what you think will happen in the future.
- You need to give several reasons why it's important to help other people. You could also mention what you have done recently to help other people e.g. charity events at school, raising money, volunteering.
- Here you can mention what individuals can do e.g. Man kann ... or should do e.g. Man sollte ... and what the government should do e.g. Die Regierung muss ... You can also use Man könnte ... to say what you could do. You could use other conditional sentences e.g. Ich würde ... and a range of connectives e.g. wenn, dass, obwohl, damit.

Translate the paragraph into English.

Über 900 Millionen Menschen haben nicht genug zu essen: Jeder siebte Mensch weltweit hungert. 780 Millionen Menschen haben keinen Zugang zu sauberem Trinkwasser. Gesundheitsorganisationen warnen, dass das Problem schlimmer werden wird. Sie können Wasserprojekte mit einer Geldspende einmalig oder monatlich unterstützen. Besuchen Sie unsere Webseite, um mehr Informationen zu bekommen.

8B SOCIAL ISSUES (2)

Read the opinions of these two young people. Who would say the following statements – Max or Julia?

Der Klimawandel wird Millionen Umweltflüchtlinge nach Europa treiben, wenn wir nicht schnell handeln. Das ist ein internationales Problem – alle Länder müssen zusammenarbeiten. Wir werden immer mehr Berichte von Dürren, Stürmen und Hochwassern sehen. Jeder Deutsche verbraucht pro Tag rund 120 Liter Wasser fürs Duschen, Putzen und zum Trinken. In anderen Ländern gibt es kein sauberes Trinkwasser. Wie kann das gerecht sein?

MAX

Deutschland bekommt fast eine halbe Million Asylbewerber jedes Jahr. Ich verstehe, warum sie kommen, wenn es Gewalt und Krieg in ihren Heimatländern gibt. Man liest in der Zeitung, dass es nicht genug Häuser oder Arbeitsplätze gibt, aber meiner Meinung nach müssen wir diesen Leuten helfen. Meiner Meinung nach sind Menschenrechte wichtiger als die Wirtschaft.

JULIA

1. Natural resources are not shared fairly.
2. We need to help people.
3. Countries need to work together.
4. Many people seek asylum in Germany.
5. There will be more environmental catastrophes.
6. We need to take action on climate change.
7. The press reports concerns about the lack of housing.
8. There aren't enough jobs.

Listen to the advert and answer the questions in English.
1. What does the organisation need?
2. Enjoying which **two** activities would be an advantage?
3. Which groups of people does the organisation help? Write **two** details.
4. What are you told about the pay?
5. What advantage of this type of work is mentioned?

Find the German for:
• climate change
• to act quickly
• droughts
• flooding
• drinking water
• war
• human rights

The hardest thing about this sub-theme is often ensuring that you have opinions on world issues. Look at the opinions expressed by Max and Julia – are there any phrases that you can adapt for your own answers? Try not to copy them exactly as it's usually easier to remember your own personal opinions that you have written yourself. However, there is no need to panic in an exam if you forget what you had planned to say – it doesn't matter if it's not your real opinion or that you didn't really attend the charity event you mentioned – the most important thing is that you are able to express yourself as accurately as possible.

READING

Lies den Text. Sind die Sätze richtig (R), falsch (F) oder nicht im Text (NT)?

Eine Aktion zum Mitmachen: Weihnachten im Schuhkarton!

Noch knapp zwei Monate bis Weihnachten und Schneemännner aus Schokolade sind schon in den Regalen in den Supermärkten. Zu früh ans Fest zu denken? „Nein", sagt Katje Meyer „jetzt ist die perfekte Zeit, um Kindern auf der ganzen Welt zu helfen."

Viele Kinder bekommen Weihnachten keine Geschenke, weil sie Waisenkinder sind, auf der Straße leben oder ihre Eltern nicht genug Geld haben. Unsere Initiative organisiert seit Jahren die Aktion „Weihnachten im Schuhkarton". Unser Projekt sammelt Päckchen und verteilt sie innerhalb von Europa und um die Welt. Viele Kinder bekommen dadurch zum ersten Mal in ihrem Leben ein Geschenk.

Es ist ganz einfach:

1. Dekorieren Sie einen Schuhkarton mit Geschenkpapier.
2. Packen Sie eine Mischung neuer Geschenke für ein Kind (Junge/Mädchen in den Altersstufen zwei bis vier, fünf bis neun oder zehn bis vierzehn Jahre) in den Schuhkarton.
3. Bringen Sie die Päckchen zu einer der 5000 Abgabestellen. Es wäre toll, wenn Sie 6 Euro pro Schuhkarton für den Transport bezahlen könnten. Dies ist aber kein Muss.

1. Es ist zu früh an Weihnachten zu denken.
2. Man kann schon Weihnachtsprodukte kaufen.
3. Es ist ein internationales Projekt.
4. Das Projekt hilft 5000 Kindern.
5. Junge Kinder bekommen gern Schuhe zu Weihnachten.
6. Man muss 6 Euro für den Transport bezahlen.

Conversation

SPEAKING

- Welche Sozialprobleme gibt es in der Welt?
- Welcher Wohltätigkeitsorganisation hilfst du gern?
- Wie hilft man am besten anderen Leuten?
- Was hast du gemacht, um wohltätig zu sein?
- Ist es wichtig, anderen Leuten zu helfen?
- Möchtest du ins Ausland fahren, um Freiwilligenarbeit zu machen? Warum (nicht)?

When you are speaking or writing about social issues, typical questions might ask you for solutions to problems or things we should or could do. You will need to use the conditional tense to express this e.g. Ich würde mehr Geld investieren (I would invest more money). You could use modal verbs to express ideas like this e.g. Man sollte, Man könnte. See page 218 to revise the conditional.

Translate the sentences into German.

WRITING

1. There are lots of social problems in the world.
2. In some countries there isn't enough drinking water.
3. I will bake cakes to raise money.
4. I would like to do voluntary work abroad.

8B SOCIAL ISSUES (3)

Read the press release and answer the questions in English.

Eine neue Kampagne gegen Kinderarmut startet am Freitag in Österreich. 313 000 Kinder und Jugendliche bis 19 Jahren leben in Armut. Für diese Kinder sind die Lebens- und Bildungschancen schlechter.

Die Kampagne wird auf Plakaten, in Zeitschriften, im Fernsehen, im Radio und online präsent sein. Das Ziel? Leute zu informieren und Geldspenden zu sammeln. „Kinderarmut ist kein Märchen, sondern bittere Realität. Es ist wichtig, dass die armen Kinder von heute nicht die armen Erwachsenen von morgen werden," sagte Frau Fischer „Kein Kind darf frieren, kein Kind darf obdachlos werden. Österreich darf kein Kind zurücklassen."

1. What is the campaign about?
2. Where will the campaign be seen? Write **three** details.
3. What are the aims of the campaign mentioned by Mrs Fischer? Write **two** details.

EXTRA

Find a word in the text which means the same as:
- schlimmer
- ein neues Projekt
- junge Leute
- Erwachsenen, die nicht genug Geld haben

SPEAKING

Role play
- Du – Leute helfen – wie
- Du – letztes Jahr – Geld sammeln
- ? Wohltätigkeitsorganisation
- Du – nächste Woche – Geld sammeln
- Soziale Probleme – Meinung
- ? Soziale Probleme

LISTENING

Drei junge Leute erklären, wie sie Geld sammeln werden. Hör gut zu. Sind die Sätze richtig oder falsch?

Peter
1. Meine Klassenkameraden werden uns unterstützen.
2. Man muss nicht selber backen.

Nina
3. Meine Idee wird viel Geld einbringen.
4. Wir können Autos nur vor der Schule waschen.

Krzystof
5. Ein Weihnachtsmarkt ist eine gute Idee.
6. Man kann unerwünschte Geschenke verkaufen.

READING

Read the article and complete the required information in English.

In diesem Jahr findet am dritten März das Konzert „Rock gegen Rassismus" statt. Der Eintritt ist frei, aber man gibt eine Spende für Projekte zur Bekämpfung von Rassismus. Das Konzert wird mit einem Familienprogramm ab vierzehn Uhr auf dem Leipziger Marktplatz stattfinden.

Junge Musiker, die teilnehmen, träumen von einer Welt voller Toleranz, einem Leben ohne Gewalt und Rassismus. Das Konzert bietet viele Höhepunkte mit Gruppen aus vielen Ländern. „Musik bringt Leute zusammen", sagte Herr Hoffmann. „Mit diesem Konzert wollen wir Jugendliche und junge Erwachsene informieren, wie sie gegen Rassimus kämpfen und Solidarität zeigen können."

Date and time of event:
Project the concert is supporting:
Entry cost:
Aim of the concert:

WRITING

Schreibe eine Werbung für ein Projekt, das du organisierst, um einer Wohltätigkeitsorganisation zu helfen.
Du kannst weitereInformationen angeben, aber du musst Informationen zu den folgenden Themen nennen:

- Welche Organisation und warum
- Details (was, wo, wann)
- Warum deine Klassenkameraden kommen sollten

At first glance, a writing task on social issues might seem harder than some of the other sub-themes. Much like the environment you need to learn some specific topic vocabulary, but apart from this the expectations on you are the same as with all the other sub-themes. In other words, you need to express *opinions* and refer to events in the *past*, *present* and *future*.

Try to write extended sentences using connectives. You can combine more than one tense in a sentence and you can vary the vocabulary that you use to express opinions. When revising this sub-theme, it might be helpful to think of how you could say the following:

- Express which social problems you are worried about and why.
- Be able to talk about a charity you support and what it does.
- Talk about something in the past e.g. a charity event you attended.
- Say what you do at the moment to support charities.
- Talk about a future event e.g. a cake sale you will organise, a fundraiser you will attend, your plans to volunteer.
- Say how young people can help or what people should do to help.

8B SOCIAL ISSUES VOCABULARY GLOSSARY

die Armut	poverty
die Ausbildung (-en)	education
die Bevölkerung (-en)	population
die Dürre (-n)	drought
die Einwanderung (-en)	immigration
das Erdbeben	earthquake
die Fair-Trade-Produkte (pl.)	fair trade products
der faire Handel	fair trade
die Flut (-en)	flood
die Freiwilligenarbeit (-en)	voluntary work
die Gesundheit	health
global	global
helfen	to help
die humanitäre Hilfe (-en)	humanitarian aid
der Hunger	hunger/starvation
der Hungernde (-n)	hungry (people)
die Hungersnot (¨e)	famine
der Hurrikan (-e)	hurricane
die Hygiene (Hygienien)	hygiene
die Immigration (-en)	immigration
die Kampagne (-n)	campaign
die Krankheit (-en)	disease
der Krieg (-e)	war
leben	to live
die Lücke (-n)	gap
die Menschen	people
die Mittel (pl.)	resources
obdachlos	homeless
die Obdachlosigkeit	homelessness
der Orkan (-e)	hurricane
der Planet (-en)	planet
der (tropische) Regenwald (¨er)	(tropical) rainforest
die Regierung (-en)	government
der Respekt	to respect
die Rohstoffquellen (pl.)	natural resources

sauber	clean
schmutzig	dirty
schützen	to protect
das Sozialproblem (-e)	social problem
sterben	to die
subventionieren	to subsidise
das Trinkwasser	drinking water
überleben	to survive
die Umweltverschmutzung (-en)	pollution
die Unterstützung (-en)	to support
verschmutzen	to pollute
das Wasser	water
die Welt (-en)	world
weltweit	global
der Wohltätigkeitsverein (-e)	charity

8A ENVIRONMENT
8B SOCIAL ISSUES
GRAMMAR IN CONTEXT

GRAMMAR

1. SEPARABLE VERBS – PRESENT TENSE

Choose the correct form of the verb to complete the sentence.

1. Meine Mutter _____ (**mitnehmen**) eine Stofftasche.
2. Er _____ (**Rad fahren**) jeden Tag.
3. Ich_____ (**ausmachen**) immer die Lichter.
4. Ich _____ (**ausschalten**) den Computer.
5. _____ (**mitmachen**) du?
6. _____ (**Rad fahren**) Sie gern?

> Remember that some verbs have a separable prefix which splits off from the verb and goes to the end of the sentence in present tense sentences. See page 215.

2. SEPARABLE VERBS – TRANSLATION (FUTURE TENSE)

Translate the sentences into German.

1. I'll turn off the lights when I leave the room.
2. I will cycle more often because it's healthier.
3. I will turn off the computer to save money.
4. I will always take a cloth bag with me so that I don't have to use a plastic bag.

> You may be asked to say what you will do in the future to help the environment. Try to give reasons too. See page 218.

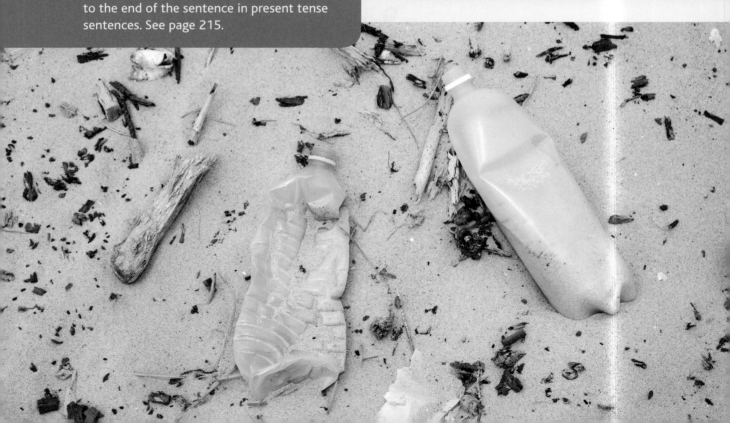

3. IMPERFECT TENSE – COMMON VERBS

Choose the correct word to complete the gap.

1. Ich _____ Kopfschmerzen.
2. Es _____ gestern sonnig.
3. Ich _____ eine neue Batterie kaufen.
4. Es _____ viele Probleme.
5. Wir _____ Hunger.

hatten	war	musste
gab	hatte	

> You should be able to use some common verbs in the imperfect tense and recognise some other verbs.

4. PAST, PRESENT OR FUTURE

Which tense are these sentences in?

1. Viele Leute haben nicht genug zu essen.
2. Es gab nicht genug Trinkwasser.
3. Sie hatte Hunger.
4. Pflanzen werden sterben.
5. Es gibt viele Probleme in der Welt.
6. Ich werde Kuchen backen.

> It's important to be able to talk about any of the themes using a range of tenses.

5. TRANSLATION – TENSES

Translate the sentences into English.

1. Viele Leute haben nicht genug zu essen.
2. Es gab nicht genug Trinkwasser.
3. Sie hatte Hunger.
4. Pflanzen werden sterben.
5. Es gibt viele Probleme in der Welt.
6. Ich werde Kuchen backen.

> When translating sentences make sure you are using the correct tense. Remember that you don't need to have the same number of words in your translation as the original text. Read your translations and think, 'Does this make sense? Would I write this myself?'

6. CONDITIONAL TENSE

Put these present tense sentences into the conditional tense.

1. Ich wasche Autos.
2. Er spendet Geld.
3. Die Organisation verdient mehr Geld.
4. Es ist besser.
5. Ich habe nicht genug Zeit.

> See page 218 to revise how to form the conditional tense.

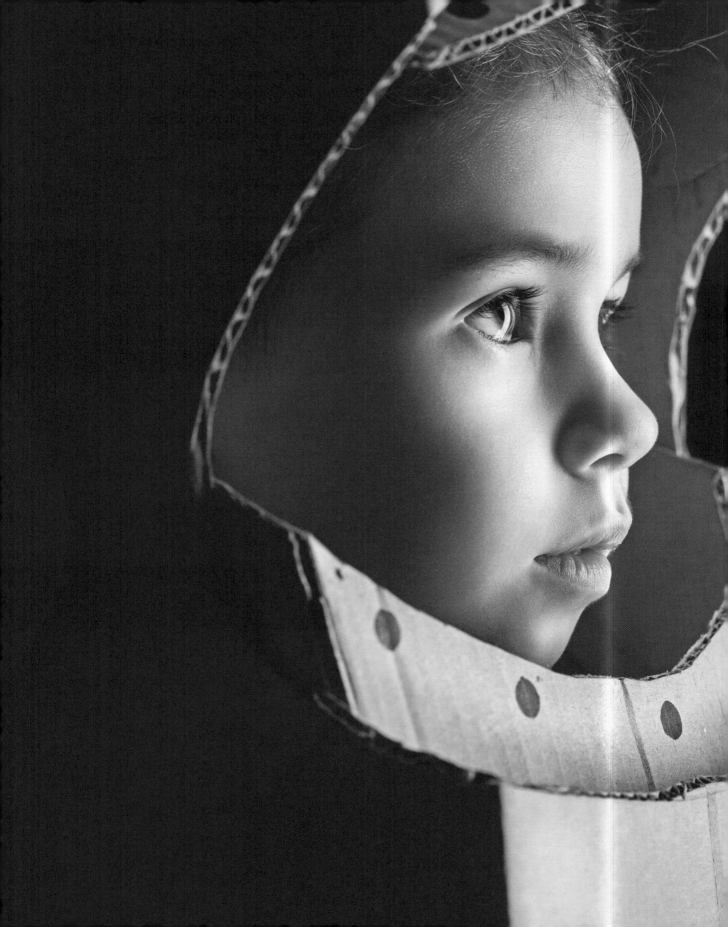

THEME: CURRENT AND FUTURE STUDY AND EMPLOYMENT

UNIT 3

JOBS AND FUTURE PLANS

9A APPLYING FOR WORK/STUDY (1)

Read the advice these people give about applications. Match the person to statements 1–6.

Zehra: Laden Sie einen Lebenslauf im Internet hoch. Das ist normalerweise kostenlos.

Nick: Arbeitgeber haben keine Zeit fünfzehn A4-Seiten zu lesen.

Lisa: Es ist wichtig eine seriöse E-Mail-Adresse zu haben.

Malina: Grammatikfehler machen einen schlechten Eindruck.

Stefan: Sie müssen die Wahrheit sagen.

Angela: Arbeitgeber interessieren sich für den letzten Schulabschluss, z.B Abitur. Die Grundschule spielt keine Rolle.

1. You should keep your CV short.
2. You should check your CV for mistakes.
3. You shouldn't tell lies.
4. You should put your most recent school information.
5. You should put your CV online.
6. You need a professional e-mail address.

Photo card

• Beschreibe das Foto/Was passiert auf diesem Foto?
• Studierst du lieber allein oder mit Freunden? Warum?

• „Man sollte die Schule erst mit 18 verlassen." Was sagst du dazu?
• Was wirst du nächstes Jahr studieren?
• Wie würdest du dich auf ein Bewerbungsgespräch vorbereiten?

READING

Read the application letter. Are the statements true or false?

Sprachschule Hamburg
Friedrichstraße 1
56783 Hamburg

Frankfurt, 22. Oktober 2016

Sehr geehrter Herr Schulz,

ich habe Ihre Anzeige für einen Sprachkurs auf Ihrer Webseite gelesen. Ich möchte in den Sommerferien für vier Wochen einen Sprachkurs machen. Ich möchte Spanisch und Chinesisch studieren. In der Zukunft würde ich gern im Ausland arbeiten, deswegen möchte ich meine Fremdsprachenkenntnisse verbessern, bevor ich eine Stelle suche.

Ich bin achtzehn Jahre alt und mache zurzeit meine Prüfungen. Ich werde hoffentlich gute Noten bekommen. Laut meinen Lehrern bin ich hilfsbereit, pünktlich und fleißig. Als Klassensprecherin muss ich gute Kommunikationsfähigkeit haben. Ich höre gut zu, wenn meine Klassenkameraden Probleme oder Sorgen haben.

Ich lerne seit sieben Jahren Englisch und Französisch. Letztes Jahr war ich zwei Wochen in London und es hat mir gut gefallen, meine Sprachkenntnisse zu üben.

Können Sie mir bitte eine Broschüre und mehr Informationen über die Kosten schicken.

Mit freundlichen Grüßen
Mara Schulz

1. She saw the advert in the paper.
2. She's applying for a summer job.
3. She's interested in studying two languages.
4. She would like to work in Hamburg.
5. Her teachers are positive about her.
6. She communicates well.
7. She needs to improve her listening skills.
8. She wants to know more about the prices.

EXTRA

Translate the underlined phrases.

LISTENING

Hör gut zu. Welche vier Sätze sind richtig?
1. Nikola wird mit ihrer Mutter und ihrem Vater arbeiten.
2. Nikola weiß nicht genau, was sie in der Zukunft machen will.
3. Nikola will als Lehrerin arbeiten.
4. Nikola möchte im Ausland arbeiten.
5. Nikola möchte ins Ausland fahren.
6. Nikola fand das Schulleben stressig.
7. Nikola möchte viel Geld verdienen.
8. Freiwilligenarbeit wird bei der Berufsentscheidung helfen.

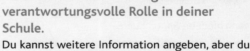
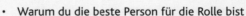

WRITING

Schreibe einen Bewerbungsbrief für eine verantwortungsvolle Rolle in deiner Schule.

Du kannst weitere Information angeben, aber du musst Informationen zu den folgenden Themen nennen:

- Warum du die beste Person für die Rolle bist
- Was du schon gemacht hast, um verantwortlich zu sein
- Was du in dieser Rolle machen möchtest

Remember to use the **Sie** form when writing a formal letter. Use an appropriate opening greeting:

- Sehr geehrter Herr Braun – Dear Mr Braun
- Sehr geehrte Frau Schulz – Dear Mrs Schulz
- Sehr geehrte Damen und Herren – Dear Sir or Madam

End the letter appropriately:

- Mit freundlichen Grüßen

9A APPLYING FOR WORK/STUDY (2)

Read this college advert. Answer the questions in English.

Die Fachhochschule Dresden bildet ihre Studenten für den internationalen Wettbewerb aus und motiviert sie zu Spitzenleistungen. Sie bietet viele Fächer aus folgenden Bereichen: Modedesign, Informatik, Medien und Tourismus.

Die Hochschule liegt im Stadtzentrum (um die Ecke vom Hauptbahnhof) und hat zahlreiche Parkplätze.

Weitere Vorteile sind:

- verschiedene Sprachkurse
- viele Sportvereine und moderne Sportplätze
- billige Semesterkosten
- preiswerte Wohnmöglichkeiten

Wenn man mehr Informationen braucht, gibt es mehrere Möglichkeiten. Folgen Sie uns auf Twitter oder besuchen Sie unsere Facebook-Seite. Am besten besuchen Sie einfach unseren Campus.

1. What courses are on offer? Write **three** details.
2. Why is the college easy to get to? Write **two** details.
3. What does the college offer? Write **three** details.
4. What is the best way to decide if it's the right college for you?

EXTRA

Beschreibe deine ideale Hochschule.

READING

Lies diese Passage aus dem Buch „Das Leben liegt vor uns, Leute!" von Tuija Lehtinen. Fülle die Lücken auf Deutsch aus.

Es war eine typische Eppu-Rede, was sonst. „Wir sind die Hoffnungsträger der Nation!" Wir hätten alle eine glänzende Zukunft vor uns.

„Hallo Leben, wir kommen ..." lächelte Elsa.

„Die Hoffnungsträger der Nation sind wir erst, wenn wir es in die letzte Klasse der Oberstufe geschafft haben", meinte Schätzchen. „Erst dann sind wir erwachsen."

„Das will ich sehen, dass aus dir ein erwachsener Mensch wird!" versetzte Elsa.

Eppu vertiefte seine Theorie „Wenn du später Tierarzt werden will, machst du Mathe und Naturwissenschaften. Wenn du an Mopeds rumschrauben willst, gehst du nach der Neunten auf die Berufschule. Wenn du's umgekehrt machst, hast du später Schwierigkeiten, an der Uni bei den Tiermedizinern aufgenommen zu werden."

1. Die Zukunft sieht _____ aus.
2. Elsa findet das _____.
3. Du musst _____ studieren, um Tierarzt zu werden.
4. Die Berufschule ist für _____ Schüler.

negativ	praktische	wichtig
Deutsch	Mathe	akademische
lustig	positiv	

Listen to the report and answer the questions in English.

1. What is different about the way these students learn?
2. What reasons are given for students attending this course?
3. How is work completed?
4. What are you told about holidays and the school day?

WRITING

Translate the paragraph into German.

I wrote a CV and application letter last week. My teacher helped me. I have an interview next week and I'm really nervous. I will talk about my future plans. My teachers say that I have many positive characteristics. I'm hardworking, get good grades and like learning new skills.

SPEAKING

Conversation

- Welche positiven Charaktereigenschaften hast du?
- Ist es wichtig eine Fremdsprache zu sprechen? Warum (nicht)?
- Was möchtest du in der Zukunft lernen?
- Wie wirst du dich vorbereiten, wenn du ein Interview hast?
- Glaubst du, dass es wichtig ist, auf die Universität zu gehen? Warum (nicht)?
- Was hast du in der Schule gemacht, worauf du stolz bist?

GRAMMAR

The third bullet point requires you to say what you would like to do. An easy way to do this is to use **ich möchte + an infinitive** at the end of the sentence:

- Ich möchte Englisch studieren.
- Ich möchte in Deutschland arbeiten.

Try to give reasons for your answers giving a range of conjunctions:

- wenn ich älter bin
- weil Grammatik mich interessiert
- obwohl es viel Geld kostet

READING

Translate the sentences into English.

1. Ich musste einen Bewerbungsbrief schreiben.
2. Mein Onkel hatte letzte Woche ein Bewerbungsgespräch und er war sehr nervös.
3. Meine Lehrer werden mir helfen, einen Lebenslauf zu schreiben.
4. Ich möchte eine neue Sprache lernen. Leider habe ich nicht genug Zeit.

9A APPLYING FOR WORK/STUDY (3)

READING

Lies diese Fehler, die Leute oft beim Vorstellungsgespräch machen. Verbinde die Fehler 1–6 mit den Tipps (a–f).

1. Ich hatte keine Ahnung, was für eine Firma das war.
2. Ich habe eine SMS–Nachricht gelesen.
3. Ich habe nicht alle Qualifikationen, die ich in meinen Lebenslauf geschrieben habe.
4. Ich habe den Bus verpasst und bin 20 Minuten zu spät angekommen.
5. Ich hatte keine Fragen.
6. Ich habe alte Jeans und Turnschuhe getragen.

a. Tragen Sie professionelle Kleidung.
b. Lügen Sie nicht.
c. Pünktlichkeit ist wichtig.
d. Stellen Sie auch Fragen.
e. Schalten Sie Ihr Handy aus.
f. Informieren Sie sich über die Firma.

READING

Read this article from a careers website.
Answer the questions in English.

Das Bewerbungsgespräch – für die meisten ein Termin im Kalender, der schlaflose Nächte bringt. Man kann sich auf die meisten Fragen vorbereiten, zum Beispiel typische Fragen wie: Was sind Ihre persönlichen Schwächen und Stärken? Wieviel Erfahrung haben Sie? Warum möchten Sie diese Stelle?

Immer öfter stellt der Gesprächspartner außergewöhnliche Fragen. Mit diesen Fragen will er, oder sie, vor allem Ihre Kreativität oder Ihren Charakter besser verstehen. Hier sind einige Beispiele und warum Leute das fragen:

1. **Was ist Ihr Lieblingssong? Singen Sie ihn für uns!** Sind Sie kreativ? Wie schüchtern Sind Sie?

2. **Wie viele Fußbälle würden in dieses Zimmer passen?** Wie gut können Sie schätzen? Wie gut sind Sie in Mathe?

3. **Nennen Sie drei Nobelpreis-Gewinner.** Mit dieser Frage möchte man das Allgemeinwissen des Kandidaten testen.

4. **Haben Sie jemals einen Kugelschreiber am Arbeitsplatz gestohlen?** Wie ehrlich sind Sie?

5. **Wenn Sie ein Superheld sein könnten, welche Superkräfte würden Sie wählen?** Welche Eigenschaften faszinieren Sie?

1. What does the article say about interviews?
2. Give **two** examples of typical interview questions mentioned in the article.

EXTRA

For 1–5 say what the unusual question is and why they might ask it.

SPEAKING

Role play
- Studium – Meinung – **zwei** Details
- Nächstes Jahr – dein Studium
- ? Qualifikationen
- ? Universität
- Prüfungen – Meinung
- Du – Schule – letzte Woche

LISTENING

Listen to the interview. Choose the five correct statements.
1. The school has a good reputation.
2. The school has had a new roof.
3. He wants to go to university.
4. He helps his classmates.
5. He has had a lot of problems with his classmates.
6. He uses the Internet for homework.
7. He helped raise money for charity.
8. He won some prize money in May.
9. He plays for the school football team.
10. He thinks team work is important.

WRITING

Du hast ein Interview für eine neue Schule und musst Antworten auf diese Fragen vorbereiten. Schreibe mindestens einen Satz zu jeder Frage.
- Warum möchtest du hier studieren?
- Wie wirst du positiv zum Schulleben beitragen?
- Beschreibe etwas, dass du gemacht hast, worauf du stolz bist.

GRAMMAR

You need to be able to understand question words so you know what information you are being asked for. Some common question words are:

- Was – What
- Wo – Where
- Wann – When
- Wie – How
- Warum – Why
- Was für – What kind/type of
- Wer – Who
- Welcher – Which

9A APPLYING FOR WORK/STUDY VOCABULARY GLOSSARY

die Adresse (-n)	address
das Alter (-)	age
anrufen	to phone
die Anschrift (-en)	address
die Ausbildung (-en)	training, education
die Anzeige (-n)	advert
bekommen	to receive
der Bewerbungsbrief (-e)	application letter
das Bewerbungsgespräch (-e)	interview
der Eindruck (¨e)	impression
der Erfolg (-e)	success
das Fach (¨er)	subject
die Fähigkeit (-en)	skill
der Fehler (-)	mistake
finden	to find
das Geburtsdatum (-daten)	date of birth
der Geburtsort (-e/¨er)	place of birth
hochladen	to upload
die Hochschule (-n)	college
hoffen	to hope
die Hoffnung (-en)	hope
das (Fernseh-/Radio-) Interview (-s)	(TV/Radio) interview
der Lebenslauf (¨e)	curriculum vitae
der Kurs (-e)	course
der Nachname (-n)	surname
die Note (-n)	mark/grade
die Qualifikation (-en)	qualification
die Referenz (-en)	reference
schicken	to send
schreiben	to write
die Schwäche (-n)	weakness
die Schwierigkeit (-en)	difficulty

der Sprachkurs (-e)	language course
die Stärke (-n)	strength
studieren	to study
suchen	to look for
die Telefonnummer (-n)	telephone number
die Theorie (-n)	theory
die Universität (-en)	university
verlassen	to leave
vorbereiten	to prepare
der Vorname (-n)	first name
weiterstudieren	to continue studying
wichtig	important
der Wohnort (-e)	place of residence

9B CAREER PLANS (1)

Read what Klaudia and Lukas say about further study.

KLAUDIA: Ich finde Prüfungen sehr stressig, obwohl ich hoffentlich gute Noten bekommen werde. Ich habe keine Lust weiterzulernen. Ich werde die Schule im Juli verlassen und mir eine Stelle suchen. Ich möchte so bald wie möglich mein eigenes Geld verdienen. Mein Vater sagt, dass die Universität zu teuer und nicht für alle Berufe nötig ist. Dann ist das eine Geldverschwendung.

KLAUDIA

LUKAS: Für viele Berufe muss man kein Diplom haben. Ich muss zur Universität gehen, weil ich ein Diplom brauche, um als Tierarzt zu arbeiten. Das wird natürlich teuer sein: Studiengebühren und so weiter, aber meiner Meinung nach lohnt es sich. Ich werde hoffentlich unvergessliche Erlebnisse haben und nach dem Studium viel Geld verdienen.

LUKAS

Who would say each statement – Klaudia, Lukas or Klaudia *and* Lukas?

1. Wants to continue studying
2. Has chosen a career
3. Wants to leave school in the summer
4. Mentions the cost of university
5. Thinks university can be a waste of money
6. Wants to earn money straight away
7. Wants to earn more money in the future
8. Says university isn't always necessary

Translate the underlined phrases into English.

Although you will mainly need the **future tense** and the **conditional** to talk about your career plans, you also need to refer to events in the past as well. Try to plan sentences that include more than one tense e.g. Als ich jünger war, wollte ich weiterstudieren, aber ich würde jetzt lieber eine Stelle finden (When I was younger I wanted to continue my studies but now I'd rather find a job).

Here are some suggestions using the **imperfect tense**:

- Als ich jünger war, wollte ich ... – In the past I wanted to ...
- Vor zwei Jahren hatte ich vor ... – A few years ago I intended to ...
- Ich hatte keine festen Pläne – I had no fixed plans

You can also use the **perfect** or **pluperfect tenses**:

- Ich habe mich entschieden ... – I **have** decided ...
- Ich hatte mich entschieden ... – I **had** decided ...
- Ich habe ... gewählt – I **have** chosen ...
- Ich hatte .... gewählt – I **had** chosen ...

SPEAKING

Photo card

- Beschreibe das Foto/Was passiert auf diesem Foto?
- Ist es wichtig zur Universität zu gehen?
- „Es ist schwierig eine gute Stelle zu finden." Was sagst du dazu?
- Möchtest du in der Zukunft in Deutschland arbeiten? Warum (nicht)?
- Was ist wichtiger – Qualifikationen oder Berufserfahrung?

READING

Lies den Artikel. Sind die Sätze Richtig (R), falsch (F) oder nicht im Text (NT)?

Glückliche Uni-Abbrecher!

Wer Abitur hat, der muss studieren – oder doch nicht? Zwei Ex-Studenten erzählen, warum sie ihr Studium abgebrochen hat, um zu lernen, was sie glücklicher macht.

Franziska, 25 Floristin: Ich wollte schon immer Grundschullehrerin werden, aber im achten Semester hat mir das Studium keinen wirklichen Spaß mehr gemacht. Ich hatte die Idee eine Ausbildung als Floristin zu machen. Jetzt bin ich zufrieden – die Kreativität gefällt mir.

Steffen, 28, Buchhändler: Für mich war immer klar, dass ich studieren werde. Chemie war immer mein Lieblingsfach und ich habe das als Diplom gewählt. Die Hälfte der Zeit an der Uni ging es nur um Mathe und ich habe das zu kompliziert gefunden. Ich habe mich entschieden, eine Ausbildung zum Buchhändler zu machen. Ich kann mit Menschen arbeiten und das gefällt mir.

1. Franziska arbeitet mit Kindern.
2. Franziska arbeitet mit Blumen.
3. Franziska ist kreativ.
4. Franziska hat viele gute Ideen.

5. Steffen hat am liebsten Chemie gelernt.
6. Steffen hat immer gute Noten in Chemie bekommen.
7. Er hat Mathe schwierig gefunden.
8. Er arbeitet nicht gern mit Menschen.

LISTENING

Listen to this advert. Complete the required information in English.

Year of opening:

Location:

Number of languages on offer:

Learning options:

WRITING

Schreibe einen Artikel über Arbeit und Studium.

Gib Informationen, Beispiele und Erklärungen für deine Meinungen.

- Wie wichtig es ist, einen guten Beruf zu finden
- Warum man weiterstudieren sollte
- Was du nach dem Studium machen möchtest

READING

Read the article and choose the correct word to complete the sentence.

Deutsche Jugendliche haben gute Zukunftschancen

In Südeuropa sinkt die Chance für Jugendliche Arbeit zu finden. Zukunftsangst muss man als Jugendlicher in Deutschland im Moment nicht haben. Deutschland ist für junge Menschen der sicherste Arbeitsmarkt in der Europäischen Union. Im Juni waren nur acht Prozent der Altersgruppe zwischen 15 und 24 Jahren arbeitslos.

Im Durchschnitt der 27 Länder der Europäischen Union war die Quote fast drei Mal so hoch wie in Deutschland. In Griechenland und Spanien wird die Lage immer kritischer. In Griechenland hat über die Hälfte der Jugendlichen keine Arbeit.

1. The future is **worrying/positive/pessimistic** for young people in Germany.
2. Germany is the **best/worst/most unstable** place for jobs in Europe.
3. **More than 10%/More than 27%/Less than 10%** of 15 to 24-year-olds are unemployed in Germany.
4. The average unemployment rate for young people in the EU is **3/4/27** times higher than in Germany.
5. In Greece **less than half/over 50%/a third** of young people are unemployed.

Read the article and answer the questions in English. READING

Auslandsjahr: Die wichtigsten Fragen

Ein Auslandsjahr ist eine schwere Entscheidung und zu Beginn gibt es mehr Fragen als Antworten.

Immer mehr Jugendliche möchten ein Jahr ins Ausland gehen. Dafür gibt es viele Gründe. Neben den Sprachkenntnissen und den besseren beruflichen Chancen geht es um viel Erfahrung und auch Spaß. Es ist durch nichts zu ersetzen! Kein Buch, Film oder Schule kann ein Ersatz dafür sein.

1. Welche Varianten gibt es, ein Jahr im Ausland zu verbringen?
   Schüleraustausch – Du lebst in einer Gastfamilie und gehst auf eine Schule.
   Au Pair – Du machst Kinderbetreuung für eine Gastfamilie. Dafür entstehen für dich keine Kosten, du bekommst Taschengeld und viel Freizeit.
   Sprachreisen – Kurze Sprachkurse im Ausland oder mehrmonatiger Aufenthalt – alles ist möglich.

2. In welches Land sollte ich am besten gehen?
Du kannst hingehen, wo du willst. Aber manche
Länder sind einfach teuer. Ein Jahr in Australien
oder Neuseeland ist einfach um einige tausend
Euro teurer als die USA.

3. Wieviel kostet ein Auslandsjahr?
Schüleraustasuchjahr geht ab 5000 Euro los. Hinzu
kommen ein paar Gebühren, Versicherung und
Taschengeld.

1. What does it say about people who are thinking
about a year abroad?
2. Why do people want to do it?
3. Which **three** options are suggested?
4. Where does it recommend you go? What should
you bear in mind?

EXTRA

Write a similar paragraph with your own
opinions about taking a gap year.

LISTENING

Höre dir diesen Bericht an. Wähle die
richtige Antwort.
1. Die Arbeitswelt ist ...
   a. kompliziert
   b. national
   c. international
2. Viele Deutsche fahren ins Ausland, ...
   a. um eine Stelle zu finden
   b. um ein Ferienhaus zu kaufen
   c. um ihre Fremdsprachenkenntnisse zu
   verbessern
3. Die Arbeitslosigkeit in Spanien ist ...
   a. niedrig
   b. hoch
   c. besser als in Deutschland
4. Es ist einfacher Jobs in ... zu finden.
   a. Schulen und Hotels
   b. Banken und Krankenhäusern
   c. Supermärkten und Geschäften
5. Die meisten Deutschen fahren nach ...
   a. Kanada
   b. Neuseeland
   c. Österreich

SPEAKING

Conversation
- Was möchtest du in der Zukunft machen?
- Möchtest du zur Universität gehen?
- Was ist ein guter Beruf?
- Wann wirst du die Schule verlassen? Warum?
- Was wäre dein Traumberuf? Warum?
- Warum sind so viele junge Leute arbeitslos?

WRITING

Translate the paragraph into German.
I'm not going to go to university because it's too
expensive. I'm going to leave school when I'm
18. Work experience is more important than
qualifications. It's difficult to find a good job in
my town. I would maybe like to work abroad to
improve my languages.

GRAMMAR

Wenn/wann/als – watch out for these three
words which can all translate as 'when'.

- **Wann** is used as a question word (in any
tense):
Wann wirst du die Schule verlassen? – When
will you leave school?
Wann ist deine Prüfung? – When is your
exam?
- **Wenn** means when/if and is used for present
or future events and also to talk about a
repeated event in the past:
Ich bin nervös, wenn ich eine Prüfung habe –
I'm nervous, when(ever) I have exams
Wenn ich älter bin, werde ich Arzt werden –
When I'm older, I'll become a doctor
Wenn ich Prüfungen hatte, war ich immer
nervös – Whenever I had exams, I was
nervous
- **Als** is used for past events:
Als ich jünger war – When I was younger
Als ich in der Grundschule war – When I was
in primary school

READING

Lies die Texte und verbinde die Paare.

Mari: Ich möchte heiraten und Kinder haben.

Lena: Nach dem Abitur möchte ich Informatik studieren.

Kim: Es gibt nicht genug Arbeitsplätze in meinem Dorf.

Thomas: Ich möchte in einem Altersheim arbeiten. Ich werde kein Geld dafür bekommen, aber das ist mir egal.

Christian: Ich möchte meine Sprachkenntnisse verbessern.

Gwen: Ich würde viele Länder besuchen, wenn ich genug Geld hätte.

1. Fremdsprachen
2. Arbeitslosigkeit
3. Universität
4. Ehe
5. Freiwilligenarbeit
6. Welttour

EXTRA

Translate the six sentences into English.

Write a similar sentence in German saying what your plans are.

READING

Read this extract from *Morgens 15:30 in Deutschland* by David Werker. Answer the questions in English.

Das war's! Studium durch. Riesenparty gehabt. Gefeiert und getanzt. Und jetzt? Tja – wir sind jetzt wieder am Anfang angekommen – genau wie nach der Schule. Keine Frage, du hast viel gelernt. Darauf kannst du stolz sein.

Und das wahre Leben beginnt genau jetzt! Du hast das Studium geschafft – stell dir vor, was du noch alles schaffen kannst. Jetzt wollen wir sehen, was das Leben zu bieten hat. Die Welt braucht junge, qualifizierte Menschen wie dich!

Männer und Frauen mit Universitätsabschluss sind zum Mond geflogen, haben die Tiefsee erforscht und weltberühmte Opern komponiert. Die Möglichkeiten sind elektrisierend. Du kannst die Welt bereisen und andere Kulturen entdecken. Du kannst Wissenschaftler werden – Journalist, Arzt, Politiker, Künstler, aber auch Comedian. Die Zukunft gehört dir.

Wann immer du dich an deine Studienzeit erinnerst, wirst du lächeln und denken: Mensch – was war das für eine geile Zeit!

1. How did they celebrate the end of their studies?
2. How does the author describe the feeling of having finished university? Write **two** details.
3. Why is he optimistic about the future?
4. What does he mention previous graduates have achieved? Write **two** details.
5. Write **three** possible careers he mentions.
6. How will he look back at his time as a student?

READING

Translate the paragraph into English.

Natürlich habe ich mir schon Gedanken über meine Zukunft gemacht. Ich mache bald Abitur und werde viele Prüfungen haben. Danach möchte ich auf jeden Fall studieren. Am liebsten würde ich später als Naturwissenschaftlerin arbeiten. Ich sehe mich im Labor stehen und durch Mikroskope gucken. Deswegen will ich etwas in Richtung Biologie studieren.

SPEAKING

Role play
- Arbeit – Meinung – **zwei** Details
- Universität – Meinung
- **?** Zukunftspläne
- Du – Beruf – in der Zukunft
- **?** Arbeit
- Du – letztes Jahr – Schule

LISTENING

Listen to Anja and Hasan talking about their future plans. Make notes in English about what they say – write at least three details for each person.

WRITING

Schreibe über deine Zukunftspläne.
Du kannst weitere Informationen angeben, aber du musst Informationen zu den folgenden Themen nennen:

- Wo du wohnen wirst
- Was für Arbeit du machen wirst
- Deine persönliche Zukunftspläne

GRAMMAR

Some useful phrases for talking about your future plans include:

- in der Zukunft – in the future
- erstens – firstly
- zweitens – secondly
- dann – then
- danach – afterwards/after that
- nach dem Studium – after my studies
- nach den Prüfungen – after my exams
- nächstes Jahr – next year
- mit 18 – at the age of 18

9B CAREER PLANS VOCABULARY GLOSSARY

anrufen	to phone
die Anschrift (-en)	address
die Arbeit (-en)	work
arbeiten	to work
der Arbeitgeber (-)	employer
der Arbeitnehmer (-)	employee
arbeitslos	unemployed
der Arbeitsplatz (¨e)	workplace, job
die Arbeitssuche (-n)	looking for work
der/die Arzt/Ärztin (¨e/nen)	doctor
ausrichten	to arrange, help
austragen	deliver (e.g. newspapers)
das Babysitting	babysitting
der/die Bäcker(in) (-/nen)	baker
der/die Bauarbeiter(in) (-/nen)	building worker
der Bauer (-n)	farmer
der Beamte (-n)	civil servant (m)
die Beamtin (-nen)	civil servant (f)
beantworten	to answer
bekommen	to receive, get
der Beruf (-e)	profession
berufstätig	employed
das Betriebspraktikum (-praktika)	work experience
sich bewerben um	to apply for
das Bewerbungsformular (-e)	application form
bezahlen	to pay
der/die Briefträger(in) (-/nen)	postman
das Büro (-s)	office
der/die Elektriker(in) (-/nen)	electrician
entscheiden (sich)	to decide
die Erfahrung (-en)	experience
die Fabrik (-en)	factory
der Familienname (-n)	surname
der Feierabend (-e)	closing time
der/die Fernfahrer(in) (-/nen)	long distance driver
die Firma (Firmen)	firm
der/die Fleischer(in) (-/nen)	butcher
die Flugbegleiterin (-nen)	stewardess
der Friseur (-e)	hairdresser (m)

die Frisörin (-nen)	hairdresser (f)
das Gehalt (¨er)	salary
das Geschäft (-e)	shop, business
der/die Grafikdesigner(in) (-/nen)	graphic designer
die Hausfrau (-en)	housewife
der Hausmann (¨er)	house husband
hoffen	to hope
der/die Ingenieur(in) (e/nen)	engineer
das Interview (-s)	interview
der Job (-s)	job
der/die Journalist(in) (e/nen)	journalist
die Karriere (-n)	career
der/die Kellner(in) (-/nen)	waiter
der/die Klempner(in) (-/nen)	plumber
der/die Krankenpfleger(in) (-/nen)	health care worker
die Krankenschwester (-n)	nurse
der Kunde (-n)	customer, client (m)
die Kundin (-nen)	customer, client (f)
die Lehre (-n)	apprenticeship
der/die Lehrer(in) (-/nen)	teacher
die Lehrstelle (-n)	apprenticeship
der/die Leiter(in) (-/nen)	manager
der Lohn (¨e)	wage
der/die Manager(in) (-/nen)	manager
der/die Mechaniker(in) (-/nen)	mechanic
mögen	to like
der Plan (¨e)	plan, timetable
der/die Polizist(in) (en/nen)	policeman/woman
die Probe (-n)	test
der/die Programmierer(in) (-/nen)	programmer
die Qualifikation (-en)	qualification
reisen	to travel
der/die Sekretär(in) (-e/nen)	secretary
der/die Soldat(in) (-e/nen)	soldier
die Stelle (-n)	position, job
die Stunde (-n)	hour, lesson
tippen	to type
der/die Tischler(in) (-/nen)	carpenter
verdienen	to earn
verkaufen	to sell
der/die Verkäufer(in) (-/nen)	salesperson
werden	to become
die Werkstatt (¨en)	workshop, garage
wollen	to want to
der/die Zahnarzt / Zahnärztin (¨e/nen)	dentist
die Zukunft	future

GRAMMAR

1. *WENN, WANN* OR *ALS*?

Choose the correct word to complete these sentences.

1. Ich werde meine Fremdsprachenkenntnisse verbessern, ____ ich nach Spanien fahre.
2. ____ ist die nächste Prüfung?
3. Ich werde Mode studieren, ____ ich älter bin.
4. ____ hast du die Schule verlassen?
5. ____ ich jünger war, konnte ich Polnisch sprechen.
6. ____ ich in der 8. Klasse war, hatte ich keine Prüfungen.

Wenn/wann/als – watch out for these three words which can all translate as 'when'. See page 223.

2. *WENN, WANN* OR *ALS* – TRANSLATION

Translate the sentences once you've filled in the gaps.

1. Ich werde meine Fremdsprachenkenntnisse verbessern, ____ ich nach Spanien fahre.
2. ____ ist die nächste Prüfung?
3. Ich werde Mode studieren, ____ ich älter bin.
4. ____ hast du die Schule verlassen?
5. ____ ich jünger war, konnte ich Polnisch sprechen.
6. ____ ich in der 8. Klasse war, hatte ich keine Prüfungen.

Check that your translations make sense and are in the correct tense.

3. USING A VARIETY OF ADJECTIVES

Write a sentence about your studies or career plans using each of the following adjectives. Remember to make them agree with the noun they are describing. Try to use a different tense in each sentence if you can.

faszinierend	enttäuschend
wichtig	optimistisch

Remember that adjectives have to agree with the following noun. Try to use a variety of adjectives in your German to add detail. See page 221 for more information.

4. TALKING ABOUT THE FUTURE

Write a paragraph about your future plans. Use all of the time phrases on the left to sequence your paragraph and use all of the structures on the right at least once each. You can use them in any order.

- in der Zukunft   Ich werde + infinitive
- erstens   Ich möchte + infinitive
- danach   Ich will + infinitive
- nach den Prüfungen   Ich würde + infinitive
- nächstes Jahr
- mit 30

Remember to check your German for accuracy and make sure you haven't forgotten the infinitive. Use your verb tables to help you – see pages 229–234.

5. USING A VARIETY OF TENSES IN A SENTENCE

Translate the sentences into German.

1. When I was younger I wanted to be a teacher, but now I would prefer to study medicine.
2. I've been interested in computers for ten years, and I would like to work for an international company.
3. I'm learning English and would like to work in Scotland.
4. I studied lots yesterday because I have an exam today.

6. REVISING YOUR TENSES

Write an answer to the following questions.

- Was lernst du jetzt?
- Was wirst du nächstes Jahr studieren?
- Was wirst du nach den Prüfungen machen?
- Hast du schon eine Universität besucht?
- Was hast du letzte Woche in der Schule gemacht?
- Würdest du gern in Deutschland arbeiten?
- Was wäre dein Traumberuf?

You need to be able to refer to events in the past, present and future with confidence – even on topics about future plans! Make sure that you spend time revising your tenses.

GRAMMAR TERMS

It's important to understand what these terms mean as they will be used regularly throughout your GCSE course.

Adjectives: Adjectives describe nouns. They answer the questions: *which? what kind of? how many?* e.g. *big*.

Adverbs: Adverbs describe verbs (and sometimes adjectives and other adverbs). They answer the questions: *how? when? where?* e.g. *regularly*.

Articles: These are the words **the** (definite article) and **a/an** (indefinite article).

Comparative: This is a form of an adjective. It's used when adjectives are being used to compare two things e.g. *better*.

Connective/conjunction: This is a word or phrase that connects two other words or phrases e.g. *because*.

Demonstrative: These are words that demonstrate (point out) e.g. *this, that, these, those*.

Gender: Used for nouns to say if they're masculine, feminine or neuter.

Imperative: A form of a verb used when giving instructions or commands.

Infinitive: This is the form of verb you find in the dictionary. In English it always has the word **to** in front of it e.g. *to study* and in German it usually ends in **-en** or **-n**.

Irregular verb: A verb that does not follow regular patterns and has a different form. These usually need to be learnt by heart.

Noun: A person, place, animal, thing or idea.

Object: The object is the word in a sentence that has the action happen to it.

Plural: More than one of an item.

Possessive: These are words that imply ownership e.g. *my house*.

Prepositions: These are words that help to describe something's location or give other information e.g. *in, on*.

Pronouns: These are words that take the place of nouns.

Reflexive verbs: Reflexive verbs have their action done to the subject of the sentence (the person who is doing the action).

Singular: Refers to only one of an item – as opposed to plural for more than one.

Subject: The person or thing in the sentence that's doing the action.

Superlative: The superlative is *the most* of something e.g. *best, worst, biggest*.

Synonym: A word that has the same meaning as another word.

Tense: This is a change in the verb to reflect a change in time e.g. *past, present, future*.

Verb: These are the action words that are doing something in a sentence.

GRAMMAR GLOSSARY

This is the grammar that needs to be learnt and used by all students at GCSE. Some of the grammar points will only be covered in the Higher exam and a few grammar points only need to be recognised – they don't actually have to be used (but if you are looking to get high marks for using complex language in your written and spoken German, then it's worth trying to use some of them).

Grammar points highlighted in this colour need to be learnt and used by Higher tier students, and recognised (but not necessarily used) by Foundation students.

Any grammar points highlighted in this colour are to be learnt and used for Higher tier.

1. NOUNS AND CASES

GENDER OF NOUNS

Nouns are words that name a person, an animal or an object. In German all nouns are either masculine, feminine or neuter. All nouns in German start with a capital letter.

DEFINITE AND INDEFINITE ARTICLE

The definite and indefinite article (the words for *the* and *a(n)*) depend on the gender of the noun:

* **der/ein** *Computer* – masculine
* **die/eine** *App* – feminine
* **das/ein** *Handy* – neuter

POSSESSIVE AND DEMONSTRATIVE ADJECTIVES

* Possessive adjectives show ownership e.g. *my, his.* To use the correct possessive adjective you need to know:

    * Which one is needed *e.g.* **mein/dein/sein.**
    * What gender the noun is e.g. ***meine Schwester*** *ist …/**mein Bruder** ist …*
    * The case your noun is going to be in:
      mein – my
      dein – your (informal)
      sein – his/its
      ihr – her/its
      unser – our
      Ihr – your (formal)

    They follow the same pattern as *ein/kein.*

* Demonstrative adjectives like *dieser* (this) and *jeder* (every/each) follow this pattern.

	Masculine	Feminine	Neuter	Plural
Nominative	dieser	diese	dieses	diese
Accusative	diesen	diese	dieses	diese
Genitive	dieses	dieser	dieses	dieser
Dative	diesem	dieser	diesem	diesen

PLURAL OF NOUNS

The plural form for **der, die and das** is always **die.**

In German there are several different forms of the plural. There are some patterns but it's best to learn the gender and the plural form when you are learning new nouns.

- Most feminine words add -**n** or -**en** e.g. *Drogen*
- Most masculine words add -**e** e.g. *Filme*
- Many 'foreign' words add -**s** e.g. *Restaurants*

In dative plural, all nouns add an extra -**n** or -**en** e.g. *den Häusern*.

WEAK NOUNS

These are nouns which add -**n** to every case apart from nominative singular. Some common weak nouns include *Junge, Herr, Mensch, Name*.

CASES

There are four cases in German:

1. **Nominative** is used for the subject of the verb:

   ***Der Computer** ist modern*

2. **Accusative** is used for the direct object of the verb and after certain prepositions:

   *Ich kaufe **einen Computer***

3. **Genitive** is used to show position and after certain prepositions:

   *Der Computer **meines Freundes***

4. **Dative** is used for the indirect object of the verb, after certain prepositions and certain verbs:

   *Ich habe **ihm** Geld gegeben*

The following tables will help you.

The (definite article):

	Masculine	Feminine	Neuter	Plural
Nominative	der	die	das	die
Accusative	den	die	das	die
Genitive	des	der	des	der
Dative	dem	der	dem	den

A/An (indefinite article):

	Masculine	Feminine	Neuter	Plural
Nominative	ein	eine	ein	-
Accusative	einen	eine	ein	-
Genitive	eines	einer	eines	-
Dative	einem	einer	einem	-

No (the word *kein* follows the same pattern as *a/an* but has a plural):

	Masculine	Feminine	Neuter	Plural
Nominative	kein	keine	kein	keine
Accusative	keinen	keine	kein	keine
Genitive	keines	keiner	keines	keiner
Dative	keinem	keiner	keinem	keinen

PREPOSITIONS

- Prepositions give information about the position of a noun or pronoun. They change the case of the noun or pronoun. Prepositions often have more than one meaning.

  mit dem Taxi – by taxi
  mit meinem Bruder – with my brother

- Some prepositions are always followed by the accusative case e.g. *für, um, durch, bis, ohne, wider, gegen, entlang.*

- Some prepositions are always followed by the dative case e.g. *bei, aus, nach, gegenüber, seit, von, außer, mit, zu.*

- Some prepositions are followed by the accusative or dative case depending on the meaning e.g. *an, auf, hinter, vor, in, unter, über neben, zwischen.*

  Ich gehe in die Stadt – accusative (movement towards)
  Ich bin in der Stadt – dative (indicating position)

- Some prepositions are always followed by the genitive case e.g. *statt, trotz, während, wegen.*

PRONOUNS

- Pronouns can replace a noun in a sentence to avoid repetition.

  I saw a film last week. The film was good.
  I saw a film last week. **It** was good.

They change depending on the case.

Meaning	Nominative	Accusative	Dative
I/me	ich	mich	mir
You	du	dich	dir
He/it/him	er	ihn	ihm
She/it/her	sie	sie	ihr
It	es	es	ihm
We/us	wir	uns	uns
You (informal plural)	ihr	euch	euch
You (formal)	Sie	Sie	Ihnen
They/them	sie	sie	ihnen

- Use of *man*

  Although **man** literally translates as one, it is far more commonly used in German. It is used where we may use 'you' in English.

    ***Man** bekommt eine Ermäßigung* – You get a discount (One gets a discount)
    ***Man** kann mit dem Bus fahren* – You can go by bus (One can go by bus)

- *Jemand* and *niemand*

  Jemand is a singular pronoun meaning somebody or someone. **Niemand** is a singular pronoun meaning nobody or no one. They usually take the ending **-en** in the accusative case and **-em** in the dative case.

2. VERBS

PRESENT TENSE – REGULAR

The present tense is used to describe something that's happening now e.g. *Ich lerne Deutsch* or something that happens regularly e.g. *Ich gehe jeden Samstag ins Kino*.

Regular verbs follow the same pattern. Take the **-en** off the infinitive (e.g. *wohnen – wohn*) and add the following endings:

  *ich wohn**e***
  *du wohn**st***
  *er/sie/es/man wohn**t***
  *wir wohn**en***
  *ihr wohn**t***
  *Sie wohn**en***
  *sie wohn**en***

If the stem ends in **-t** you need to add an extra **e** in the *du, er/sie/es* and *ihr* forms.

> *arbeiten* (infinitive) – *arbeit* (stem)
> *Er arbeitet*

PRESENT TENSE – IRREGULAR

Irregular verbs have almost the same endings as regular verbs but may change the form of the stem in the *du, er/sie/es* and *ihr* forms. See the verb tables on pages 229–234 for details.

> *fahren – du fährst, sie fährt*
> *nehmen – du nimmst, er nimmt*
> *geben – du gibst, er gibt*

PRESENT TENSE – HABEN AND SEIN

Two very important irregular verbs are **haben** and **sein** – these are often used and need to be learnt.

ich habe	I have
du hast	you have
er/sie/es hat	he/she has
wir haben	we have
ihr habt	you have (informal plural)
Sie haben	you have (formal)
sie haben	they have
ich bin	I am
du bist	you are
er/sie ist	he/she is
wir sind	we are
ihr seid	you are (informal plural)
Sie sind	you are (formal)
sie sind	they are

SEPARABLE AND INSEPARABLE VERBS

- Some verbs in German have a separable prefix which usually goes to the end of the sentence:

> **fernsehen** – to watch TV
> *Ich **sehe** jeden Abend **fern***
> **anfangen** – to start/begin
> *Die Schule **fängt** um 8 Uhr **an***
> **ankommen** – to arrive
> *Ich **komme** immer pünktlich **an***

- Some verbs look like separable verbs but the prefix doesn't go to the end. Verbs starting with **ver-, be-, emp-, zer-, ent- and ge-** are inseparable.

  > **bekommen** – to get/receive
  > *Ich **bekomme** viele Hausaufgaben*
  > **verstehen** – to understand
  > *Ich **verstehe** das nicht*
  > **gewinnen** – to win
  > *Er **gewinnt** immer*

REFLEXIVE VERBS AND PRONOUNS

Some verbs in German are reflexive and need a reflexive pronoun. Most use the **accusative** form of the reflexive pronoun:

> *Ich interessiere **mich** für Musik.*
> *Er wäscht **sich**.*
> *Sie zieht **sich** an.*

But a few use the **dative** form:

> *Ich mache **mir** Sorgen um Heidi.*
> *Ich putze **mir** die Zähne.*

Reflexive pronouns

Subject	Accusative	Dative
ich	mich	mir
du	dich	dir
er/sie/es	sich	sich
wir	uns	uns
ihr	euch	euch
Sie	sich	sich
sie	sich	sich

PERFECT TENSE

- The perfect tense is used to talk about things which happened in the past. It is the most common way to talk about the past in German.

  To form the perfect tense you need:

  - The correct form of *haben* or *sein*
  - A past participle

  There are regular (e.g. *gespielt, gewohnt*) and irregular (e.g. *gegangen, gesehen*) past participles:

  > *Ich **habe** im Park **gespielt**.*
  > *Er **hat** in der Stadtmitte **gewohnt**.*

- Some verbs (see the verb tables on pages 228–234) use *sein* instead of *haben*. These are usually verbs of movement e.g. *kommen, gehen, fahren, fliegen*.

  *Ich **bin** ins Kino **gegangen**.*
  *Wir **sind** mit dem Bus **gefahren**.*

- Separable verbs join back together to make the past participle:

  Ich habe ferngesehen.
  Der Zug ist pünktlich angekommen.

- Inseparable verbs don't add **ge-** to make the past participle:

  *Ich habe meine Tante **besucht**.*
  *Meine Mannschaft hat **gewonnen**.*

IMPERFECT TENSE

- The imperfect tense is more often used in formal writing (books, newspapers etc.), however, certain common verbs are more likely to be used in the imperfect tense in speech and informal writing.

  Ich war – I was
  Es war – It was
  Ich hatte – I had
  Es hatte – It had
  Es gab – There was

- Regular verbs add the following endings to the stem:

  spielen – spiel (stem)
  *ich spiel**te***
  *du spiel**test***
  *er/sie/es spiel**te***
  *wir spiel**ten***
  *ihr spiel**tet***
  *Sie spiel**ten***
  *sie spiel**ten***

- Irregular verbs add the following endings to the changed stem (see the verb tables on pages 229–234):

  fahren – fuhr (changed stem)
  ich fuhr
  *du fuhr**st***
  er/sie/es fuhr
  *wir fuhr**en***
  *ihr fuhr**t***
  *Sie fuhr**en***
  *sie fuhr**en***

- When using modal verbs to talk about events in the past you usually need to use the imperfect tense. Here are the *ich* forms:

  ich konnte – I could
  ich durfte – I was allowed to

ich sollte – I was supposed to
ich musste – I had to
ich wollte – I wanted to
ich mochte – I liked

PLUPERFECT TENSE

The pluperfect tense is used to describe something that had happened before the event (in the past) which is being described. To form it you use the imperfect form of *haben* or *sein* with a past participle:

Ich hatte einen Tisch reserviert – I had reserved a table
Ich hatte schon gegessen – I had already eaten
Ich war zur Party gegangen – I had gone to the party

FUTURE TENSE

- The future tense is formed in the same way as with irregular verbs and regular verbs. The future tense is easily formed by using **werden + an infinitive** (at the end of the sentence):

  *Ich **werde** am Samstag neue Kleidung **kaufen**.*
  *Ich **werde** Jeans und ein T-shirt **tragen**.*

  ich werde
  du wirst
  er/sie/es/man wird
  wir werden
  ihr werdet
  Sie werden
  sie werden

- In German the present tense can also be used to talk about events in the future. It needs to be clear that you are talking about the future – usually a time phrase will indicate this.

  Ich gehe nächste Woche auf die Party.
  Wir gehen nächsten Samstag ins Kino.

CONDITIONAL TENSE

- The conditional tense is used to say what you would do e.g. I would build more houses (to improve my town). The conditional tense is formed in the same way as with irregular verbs and regular verbs e.g. *Ich **würde** mehr Häuser **bauen** (um meine Stadt zu verbessern).*

  Use the correct form of **würden** plus an infinitive at the end of the sentence:

  ich würde gehen
  du würdest gehen
  er/sie/es würde gehen
  wir würden gehen
  ihr würdet gehen
  Sie würden gehen
  sie würden gehen

- When using the conditional with *haben* and *sein* you will normally see the following forms: *hätte* and *wäre*.

  Wenn ich reich wäre, würde ich ein modernes Haus kaufen – If I were rich, I would buy a modern house
  Wenn ich mehr Geld hätte, würde ich umziehen – If I had more money, I'd move

- *Ich möchte* is a useful phrase meaning 'I would like to …' It usually needs an infinitive at the end of the sentence.

  Ich möchte mit 21 heiraten.
  Ich möchte in der Zukunft Kinder haben.

IMPERATIVES (COMMANDS)

The imperative is used to give commands or instructions.

- The *Sie* form – you just use the present tense and switch the verb and pronoun:

  Sie wählen eine Sprache
  Wählen Sie *eine Sprache!* – Choose a language!
  Gehen Sie *geradeaus!* – Go straight on
  Vergessen Sie *nicht!* – Don't forget!

  Separable verbs
  Rufen Sie *uns* **an** – Give us a call

- The *du* form – you use the *du* form of the present tense and take the **-st** off:

  Buch *sofort*
  Besuch *die Altstadt*

- Remember that some verbs have an irregular form of the *du* form:

  Nimm *den Bus*
  Lies *die Werbung*

MODAL VERBS

Modal verbs are usually used with a second verb (infinitive) at the end of the sentence:

  dürfen – to be allowed to
  können – to be able to
  müssen – to have to (must)
  wollen – to want to
  sollen – to be supposed to
  mögen – to like to
  Man **darf** *mit 18* **heiraten**.
  Mein Bruder **kann** *Auto* **fahren**.
  Ich **muss** *meine Tante* **besuchen**.

	dürfen	können	müssen	wollen	sollen	mögen
ich	darf	kann	muss	will	soll	mag
du	darfst	kannst	musst	willst	sollst	magst
er/sie/es	darf	kann	muss	will	soll	mag
wir	dürfen	können	müssen	wollen	sollen	mögen
ihr	dürft	könnt	müsst	wollt	sollt	mögt
Sie	dürfen	können	müssen	wollen	sollen	mögen
sie	dürfen	können	müssen	wollen	sollen	mögen

IMPERSONAL VERBS

Some common impersonal verbs are often used in the *es* form:

> *Es gibt viel zu tun* – There is lots to do
> *Es geht mir gut* – I am well
> *Es tut mir leid* – I'm sorry
> *Es schmeckt mir* – It's tasty
> *Es gefällt mir* – I like it
> *Es tut weh* – It hurts
> *Es regnet* – It's raining
> *Es schneit* – It's snowing

INFINITIVE CONSTRUCTIONS

Um ... zu ...

This is a really useful structure in German. It means 'in order to' (although we often miss that out in English).

> I use the Internet (in order) to buy computer games.
> *Ich benutze das Internet,* **um** *Computerspiele* **zu** *kaufen.*

The verb in the second part of the sentence is always an infinitive and goes at the end of the sentence.

Ohne zu ...

This structure is also used with an infinitive. It means 'without doing something'.

> *Er hat mein Handy genommen,* **ohne zu** *fragen.*

Zu + infinitive

Sometimes an extra word **zu** is needed in the sentence with an infinitive. Some useful verbs which need this are:

> *hoffen* – to hope
> *versprechen* – to promise
> *Lust haben* – to fancy
> *beginnen* – to begin
> *Ich hoffe, ein Auto* **zu** *gewinnen* – I hope to win a car
> *Ich verspreche, alles* **zu** *geben* – I promise to give everything

3. ADJECTIVES AND ADVERBS

ADJECTIVES

Adjectives give more information about a noun. If an adjective is used after the noun it does not change.

*Mein Lehrer ist **interessant**.*
*Meine Lehrerin ist **interessant**.*

Adjective endings

Adjectives change their ending when used before a noun.

Adjectives with the definite article:

	Masculine	Feminine	Neuter	Plural
Nominative	der alte Mann	die alte Frau	das alte Haus	die alten Leute
Accusative	den alten Mann	die alte Frau	das alte Haus	die alten Leute
Genitive	des alten Mannes	der alten Frau	des alten Hauses	der alten Leute
Dative	dem alten Mann	der alten Frau	des alten Hauses	den alten Leute

Adjectives with the indefinite article (and *kein*):

	Masculine	Feminine	Neuter	Plural
Nominative	ein alter Mann	eine alte Frau	ein altes Haus	keine alten Leute
Accusative	einen alten Mann	eine alte Frau	ein altes Haus	keine alten Leute
Genitive	eines alten Mannes	einer alten Frau	eines alten Hauses	keiner alten Leute
Dative	einem alten Mann	einer alten Frau	einem alten Hauses	keinen alten Leute

Adjectives with no article:

	Masculine	Feminine	Neuter	Plural
Nominative	schwarzer Kafee	kleine Tasse	gutes Essen	kalte Snacks
Accusative	schwarzen Kaffee	kleine Tasse	gutes Essen	kalte Snacks
Genitive	schwarzen Kaffees	kleiner Tasse	guten Essens	kalter Snacks
Dative	schwarzem Kaffee	kleiner Tasse	gutem Essen	kalten Snacks

Adjectives used as nouns

Adjectives can be turned into nouns by:

- Adding **-e** to the end of the adjective
- Making the first letter a capital
- Putting *der/die* or *das* in front

> *deutsch –* ***der Deutsche*** *(*male) or ***die Deutsche*** (female)
> *richtig –* ***das Richtige*** (the right thing)

Etwas/nichts/wenig/viel

After these words adjectives need a capital letter and add **-es**.

> *nichts Interessantes*
> *etwas Gutes*

ADVERBS

- Adverbs give more information about a verb – they can describe when, how (often) or where something happened. They can be one word e.g. *langsam, gesund*.

> *Der Bus fährt* ***langsam***.
> *Wir essen* ***gesund***.

- Adverbs of time and place include *manchmal, immer, oft, hier, dort*.

- Common adverbial phrases include *ab und zu, letzte Woche, nächstes Wochenende, um 7 Uhr*.

- *Gern, lieber* and *am liebsten* are useful ways to talk about what you like/prefer to do. They go after the verb.

> *Ich fahre* ***gern*** *mit dem Rad –* I like going by bike
> *Ich fahre* ***lieber*** *mit dem Auto –* I prefer going by car
> *Ich fahre* ***am liebsten*** *mit dem Taxi –* I like going by taxi most of all

In questions they go after the pronoun:

> *Fährst du* ***gern*** *mit dem Bus? –* Do you like travelling by bus?

COMPARATIVES AND SUPERLATIVES

- Comparing things
  With most adjectives you simply add **-er** to form the comparative:

> *klein – kleiner* (smaller)
> *modern – moderner* (more modern)

Some (short) adjectives add an umlaut:

> *alt – älter*
> *groß – größer*

Use the word **als** to compare things:

> *Das Kino ist moderner* ***als*** *das Sportzentrum.*

- To form the superlative you can use the structure **am -sten:**

  am kleinsten – the smallest
  am modernsten – the most modern
  Das Kino in der Stadt ist **am modernsten**.

- Irregular forms:

  gut, besser, am besten – good, better, the best
  viel, mehr, am meisten – a lot, more, the most

INTENSIFIERS

These words add emphasis to the adjective or adverb they are with e.g. *sehr teuer* (very expensive), *gar nicht intelligent* (not at all intelligent).

sehr – very	*ein wenig* – a little
zu – too	*ein bisschen* – a bit
viel – much	*einfach* – simply
ganz – quite	*gar nicht* – not at all
ziemlich – quite	*überhaupt nicht* – not at all

4. WORD ORDER

VERB AS SECOND IDEA

In a main clause the verb is always the second idea (not always the second word):

  Ich **gehe** *jede Woche ins Kino.*
  Jede Woche **gehe** *ich ins Kino.*

QUESTION WORDS AND VERB INVERSION

You can ask questions in two different ways:

- With a question word:

  wann – when
  was – was
  wo – where
  warum – why
  wie – how
  wer – who
  welcher – which
  Was *lernst du in der Schule?*
  Wie *stressig ist die Schule?*

- Or by verb inversion – switching the verb and pronoun:

    Lernst du *gern Informatik?*
    Ist die *Schule stressig?*

- *Wer, wen* and *wem*

    Wer is the nominative form:

    Wer ist das?

    Wen is the accusative form:

    Wen hast du gesehen?

    Wem is the dative form:

    Mit wem bist du hier?

5. TIME – MANNER – PLACE

The usual order for a sentence in German when you are giving several details is as follows:

Time (when)
Manner (how)
Place (where)
*Ich gehe **jeden Tag zu Fuß in die Schule**.*

CONJUNCTIONS – COORDINATING AND SUBORDINATING

- Coordinating conjunctions don't change the word order.

    und – and
    aber – but
    denn – because
    oder – or
    *Ich wohne in der Stadt **und** ich habe mein eigenes Auto.*

- Subordinating conjunctions act as verb scarers – they send the verb to the end of the sentence. Here are some common ones:

    bevor – before
    da – because
    obwohl – although
    weil – because
    wenn – when/if
    damit – so that
    als – when (past tense)
    dass – that

ob – if/whether
während – whilst
*Ich fahre mit dem Bus, **obwohl** er langsam **ist**.*

RELATIVE CLAUSES

- Relative pronouns are used to refer to a noun from a previous part of the sentence. In English the words *who*, *which* or *what* are usually used.

  Relative pronouns send the verb to the end of the sentence. The pronoun you need to use depends on the gender of the noun you are referring back to.

  der – *Der Tisch, **der** in der Ecke ist, ist viel zu klein.*
  die – *Die Bäckerei, **die** in der Stadt ist, ist toll!*
  das – *Mein Lieblingsrestaurant, **das** Nandos heißt, ist in der Stadtmitte.*

- Words like **wo** and **was** can be used to make a relative clause:

  *Es gibt ein Restaurant, **wo** man Fast-Food essen kann* – There's a restaurant, where you can eat fast food
  *Ich weiß nicht, **was** ich machen soll* – I don't know what I ought to do

  The verb in the relative clause goes to the end of the sentence.

6. GENERAL

NEGATIVES

- **Nicht** means not and is usually used to negate a verb:

  *Ich gehe am Samstag **nicht** in die Schule.*
  *Er ist **nicht** groß.*

- **Kein** means no/not a … /not any … and is usually used to negate a noun:

  *Ich habe **kein** Auto.*
  *Es gibt **keine** Bushaltestelle in meinem Dorf.*

- **Nichts** means nothing/not anything:

  *Es gibt **nichts** zu tun.*

USE OF *SEIT*

- **Seit** is used with the present tense to say how long you have been doing something for:

  *Ich wohne **seit** 10 Jahren in München* – I have lived in Munich for 10 years (and still do!)

- **Seit** is used with the imperfect tense to say what had happened at a previous time:

  *Ich wohnte **seit** einem Jahr in Dresden* – I had lived for a year in Dresden

USE OF *DU*, *IHR* AND *SIE*

There are three ways of saying *you* in German:

Du is the informal version if you are talking to one person.
Ihr is the informal version if you are talking to two or more people.
Sie is the formal version.

NUMBERS – CARDINAL AND ORDINAL

Numbers 0–29:

0	null	8	acht	16	sechzehn	24	vierundzwanzig
1	eins	9	neun	17	siebzehn	25	fünfundzwanzig
2	zwei	10	zehn	18	achtzehn	26	sechsundzwanzig
3	drei	11	elf	19	neunzehn	27	siebenundzwanzig
4	vier	12	zwölf	20	zwanzig	28	achtundzwanzig
5	fünf	13	dreizehn	21	einundzwanzig	29	neunundzwanzig
6	sechs	14	vierzehn	22	zweiundzwanzig		
7	sieben	15	fünfzehn	23	dreiundzwanzig		

Numbers 30–100:

30	dreißig	50	fünfzig	70	siebzig	90	neunzig
40	vierzig	60	sechzig	80	achtzig	100	(ein)hundert

To fill in the gaps between 30–100 use the pattern of 20–29 e.g. 47 = siebenundvierzig, 99 = neunundneunzig.

Bigger numbers:

100	(ein)hundert
107	hundert(und)sieben
240	zweihundert(und)vierzig
1000	(ein)tausend
2300	zweitausenddreihundert
1 000 000	eine Million
2 000 000	zwei Millionen

Ordinal numbers:

(first, second, fourth etc.) Add **-te** to the numbers 4 to 19 and **-ste** to numbers from 20 onwards.

1 to 1st	– eins to erste
2 to 2nd	– zwei to zweite
3 to 3rd	– drei to dritte
4 to 4th	– vier to vierte
7 to 7th	– sieben to siebte
8 to 8th	– acht to achte
20 to 20th	– zwanzig to zwanzigste

Ordinal numbers must agree with the noun e.g. *die zweite Straße, das erstes Haus.*

DATES
Days of the week:

Montag	Monday	*Freitag*	Friday
Dienstag	Tuesday	*Samstag*	Saturday
Mittwoch	Wednesday	*Sonntag*	Sunday
Donnerstag	Thursday		

Months:

Januar	January	*Juli*	July
Februar	February	*August*	August
März	March	*September*	September
April	April	*Oktober*	October
Mai	May	*November*	November
Juni	June	*Dezember*	December

Dates:

der zweite Februar (2nd February)
der erste Oktober (1st October)
Heute ist der dritte April (Today is the 3rd of April)

To say when a particular event is happening you can use *am* (on). Use the following pattern: for most cardinal numbers add **-ten** (up to 19) and **-sten** after 20. There are some irregular forms:

am ersten Mai	*am siebten Mai*
am zweiten Mai	*am achten Mai*
am dritten Mai	*am neunten Mai*
am sechsten Mai	*am zwanzigsten Mai*

TIME

- You need to be familiar with the 12 and 24 hour clock:

2:00	*zwei Uhr*
14:00	*vierzehn Uhr*
8:00	*acht Uhr*
20:00	*zwanzig Uhr*

- Minutes can be added to the hour using **nach**:

8:20 zwanzig nach acht
11:10 zehn nach elf
viertel nach (quarter past)

- Minutes can be taken away from the hour using **vor**:

9:40 zwanzig vor zehn
6:50 zehn vor sieben
viertel vor (quarter to)

- To say half past, German refers to the hour that is approaching:

3:30 halb vier (half an hour to 4 o'clock)
8.30 halb neun (half an hour to 9 o'clock)

7. VERB TABLES

REGULAR VERBS

Regular verbs follow the same pattern. See pages 214–215 for more details.

Infinitive		Present	Imperfect	Perfect	Future	Conditional
spielen (to play)	ich	spiele	spielte	habe gespielt	werde spielen	würde spielen
	du	spielst	spieltest	hast gespielt	wirst spielen	würdest spielen
	er/sie/es/man	spielt	spielte	hat gespielt	wird spielen	würde spielen
	wir	spielen	spielten	haben gespielt	werden spielen	würden spielen
	ihr	spielt	spieltet	habt gespielt	werdet spielen	würdet spielen
	Sie	spielen	spielten	haben gespielt	werden spielen	würden spielen
	sie	spielen	spielten	haben gespielt	werden spielen	würden spielen

COMMON REGULAR VERBS:

arbeiten	to work	*malen*	to paint
bauen	to build	*nutzen*	to use
buchen	to book/reserve	*putzen*	to clean
danken	to thank	*regnen*	to rain
folgen	to follow	*reisen*	to travel
frühstücken	to breakfast	*sagen*	to say
holen	to fetch	*schicken*	to send
hören	to hear	*spielen*	to play
kaufen	to buy	*surfen*	to surf
kochen	to cook	*tanzen*	to dance
lachen	to laugh	*telefonieren*	to phone
leben	to live	*träumen*	to dream
lernen	to learn	*wählen*	to choose/vote
lieben	to love	*wandern*	to hike/wander
loben	to praise	*warten*	to wait
machen	to make/do	*wohnen*	to live

IRREGULAR VERB TABLES

Infinitive		Present	Imperfect	Perfect	Future	Conditional
		Some verbs change in the *du* and *er, sie, es, man* forms.	Irregular verbs change the stem and add the following endings.	Irregular past participles. Remember some verbs use *haben* and some use *sein* (these are indicated by an asterisk*).	The future tense is formed in the same way with irregular verbs and regular verbs.	The conditional tense is formed in the same way with irregular verbs and regular verbs.
helfen (to help)	*ich*	helfe	half	habe geholfen	werde helfen	würde helfen
	du	hilfst	halfst	hast geholfen	wirst helfen	würdest helfen
	er/sie/es/man	hilft	half	hat geholfen	wird helfen	würde helfen
	wir	helfen	halfen	haben geholfen	werden helfen	würden helfen
	ihr	helft	halft	habt geholfen	werdet helfen	würdet helfen
	Sie	helfen	halfen	haben geholfen	werden helfen	würden helfen
	sie	helfen	halfen	haben geholfen	werden helfen	würden helfen
gehen* (to go)	*ich*	gehe	ging	bin gegangen	werde gehen	würde gehen
	du	gehst	gingst	bist gegangen	wirst gehen	würdest gehen
	er/sie/es/man	geht	ging	ist gegangen	wird gehen	würde gehen
	wir	gehen	gingen	sind gegangen	werden gehen	würden gehen
	ihr	geht	gingt	seid gegangen	werdet gehen	würdet gehen
	Sie	gehen	gingen	sind gegangen	werden gehen	würden gehen
	sie	gehen	gingen	sind gegangen	werden gehen	würden gehen

Infinitive	Present	Imperfect (stem)	Perfect
beginnen (to begin)	-	begann	hat begonnen
bieten (to offer)	-	bot	hat geboten
bitten (to ask)	-	bat	hat gebeten
bleiben* (to stay)	-	blieb	ist geblieben*
brechen (to break)	-	brach	hat/ist gebrochen*
bringen (to bring)	-	brachte	hat gebracht
denken (to think)	-	dachte	hat gedacht
empfehlen (to recommend)	empfiehlst empfiehlt	empfahl	hat empfohlen
essen (to eat)	isst isst	aß	hat gegessen
fahren* (to go/drive)	fährst fährt	fuhr	ist gefahren*
fallen* (to fall)	fällst fällt	fiel	ist gefallen*
fangen (to catch)	fängst fängt	fing	hat gefangen
finden (to find)	-	fand	hat gefunden
fliegen* (to fly)	-	flog	ist geflogen*
fliehen* (to flee)	-	floh	ist geflohen*
geben (to give)	gibst gibt	gab	hat gegeben
gehen* (to go)	-	ging	ist gegangen*

Infinitive	Present	Imperfect (stem)	Perfect
gelingen* (to succeed)	-	gelang	*ist gelungen
gelten (to count/be worth)	giltst gilt	galt	hat gegolten
genießen (to enjoy)	-	genoss	hat genossen
geschehen* (to happen)	geschiehst geschieht	geschah	ist geschehen*
gewinnen (to win)		gewann	hat gewonnen
halten (to hold)	hältst hält	hielt	hat gehalten
heißen (to be called)	-	hieß	hat geheißen
helfen (to help)	hilfst hilft	half	hat geholfen
kennen (to know)	-	kannte	hat gekannt
kommen* (to come)	-	kam	ist gekommen*
laden (to load)	lädst lädt	lud	hat geladen
lassen (to let)	lässt lässt	ließ	hat gelassen
laufen* (to walk/run)	läufts läuft	lief	ist gelaufen*
leiden (to suffer)	-	litt	hat gelitten
leihen (to lend)	-	lieh	hat geliehen
lesen (to read)	liest liest	las	hat gelesen
liegen (to lie)	-	lag	hat gelegen

Infinitive	Present	Imperfect (stem)	Perfect
lügen (to tell a lie)	-	log	hat gelogen
nehmen (to take)	nimmst nimmt	nahm	hat genommen
nennen (to name)	-	nannte	hat genannt
raten (to advise)	rätst rät	riet	hat geraten
reiten* (to ride)	-	ritt	ist geritten*
rennen* (to run)	-	rannte	ist gerannt*
rufen (to call)	-	rief	hat gerufen
schaffen (to create)	-	schuf	hat geschaffen
scheiden* (to separate/divorce)	-	schied	ist geschieden*
scheinen (to shine)	-	schien	hat geschienen
schlafen (to sleep)	schläfst schläft	schlief	hat geschlafen
schlagen (to hit/beat)	schlägst schlägt	schlug	hat geschlagen
schließen (to close/shut)	-	schloss	hat geschlossen
schreiben (to write)	-	schrieb	hat geschrieben
schwimmen* (to swim)	-	schwamm	ist geschwommen*
sehen (to see)	siehst sieht	sah	hat gesehen
singen (to sing)	-	sang	hat gesungen

Infinitive	Present	Imperfect (stem)	Perfect
sitzen (to sit)	-	saß	hat gesessen
sprechen (to speak)	sprichst spricht	sprach	hat gesprochen
stehen (to stand)	-	stand	hat gestanden
stehlen (to steal)	stiehlst stiehlt	stahl	hat gestohlen
steigen* (to climb/rise)	-	stieg	ist gestiegen*
sterben* (to die)	stirbst stirbt	starb	ist gestorben*
streiten (to argue)	-	stritt	hat gestritten
tragen (to carry/wear)	trägst trägt	trug	hat getragen
treffen (to meet)	triffst trifft	traf	hat getroffen
treiben (to do – sport)	-	trieb	hat getrieben
trinken (to drink)	-	trank	hat getrunken
tun (to do)	-	tat	hat getan
vergessen (to forget)	vergisst vergisst	vergaß	hat vergessen
verlieren (to lose)	-	verlor	hat verloren
verschwinden* (to disappear)	-	verschwand	ist verschwunden*
waschen (to wash)	wäschst wäscht	wusch	hat gewaschen
werden* (to become)	wirst wird	wurde	ist geworden*

Infinitive	Present	Imperfect (stem)	Perfect
werfen (to throw)	wirfst wirft	warf	hat geworfen
ziehen (to pull)	–	zog	hat gezogen

REFERENCES

Page 10, 1A(1), Longer reading task: Adapted and abridged from http://www.br.de/radio/bayern2/gesellschaft/tagesgespraech/freundschaft-freunde-beziehung-100.html

Page 13, 1A(2), Longer reading task: Adapted from *Meine Clique und ich* by Ilona Einwohlt. Available at http://www.amazon.de/Meine-Clique-ich-Ilona-Einwohlt/dp/3401504479/ref=sr_1_15?s=books&ie=UTF8&qid=1461250358&sr=1-15&keywords=meine+Freunde+und+ich

Page 21, 1B(1), Longer reading task: Adapted and abridged from http://www.tagesspiegel.de/weltspiegel/jeder-sechste-schueler-opfer-studie-cybermobbing-weit-verbreitet/8218898.html

Page 22, 1B(2), Short reading task: Adapted from *Ich hab schon über 500 Freunde!* by Armin Kaster. Available at http://www.amazon.de/gp/product/3834622788/ref=cm_cd_asin_lnk

Page 23, 1B(2), Listening task: Adapted from http://www.spiegel.de/schulspiegel/wissen/studie-zu-internetsucht-jeder-zehnte-jugendliche-gefaehrdet-a-878220.html

Page 24, 1B(3), Longer reading task: Adapted from http://www.spiegel.de/netzwelt/gadgets/roboter-kuenstliche-intelligenz-uebersetzer-technik-der-zukunft-a-1017501.html

Page 34, 2A(2), Short reading task: See http://www.explorado-duisburg.de/?lang=en

Page 34, 2A(2), Longer reading task: Extract from *Mo und die Krümel – Auf Klassenfahrt* by Rüdiger Bertram and Heribert Schulmeyer. Available at http://www.amazon.de/Mo-die-Kr%C3%BCmel-Auf-Klassenfahrt/dp/3570171183

Page 40, 2B(1), Longer reading task: Adapted from://www.berlin1.de/service/stadttouren/bierbikes-mieten-berlin-viele-straen-mitte-sind-tabu-20141040

Page 42, 2B(2), Short reading task: Adapted from https://www.xn--onlineticket-mnchen-jbc.de/

Page 44, 2B(3), Short reading task: Adapted from http://www.bahn.de/p/view/service/vertriebswege/automat/nta.shtml

Page 44, 2(B)3, Longer reading task: *Das Leben meiner Tochter* by Steffen Weinert. Abridged from http://www.amazon.de/Leben-meiner-Tochter-Steffen-Weinert/dp/150316361X/ref=sr_1_sc_1?s=books&ie=UTF8&qid=1460720085&sr=1-1-spell&keywords=das+leben+meienr+tochter

Page 53, 3A(1), Longer reading task: Adapted and abridged from *Der Tag, an dem ich cool wurd!* by Juma Kliebenstein. Available at https://www.amazon.de/Tag-dem-ich-cool-wurde/dp/3789140457

Page 55, 3A(3), Longer reading task: Adapted from http://www.n24.de/n24/Nachrichten/Panorama/d/7220960/der-pappkegel-wird-zum-statussymbol.html

Page 66, 3B(2), Longer reading task: Adapted and abridged from „Jungs sind wie Kaugummi" von Kerstin Gier. Available at http://www.amazon.de/Jungs-sind-wie-Kaugummi-wickeln/dp/340150651X/ref=pd_rhf_se_s_cp_6?ie=UTF8&dpID=51DWWMDPGEL&dpSrc=sims&preST=_SL500_SR89%2C135_&refRID=1E0GX0EQDXDXH2BVS3FA

Page 68, 3B(3), Longer reading task: Adapted from http://www.familie-und-tipps.de/Kinder/Schule/Schulprobleme/Schule-schwaenzen.html

Pages 76–77, 4A(1), Longer reading task: Adapted from http://www.colddog.de/ and https://www.betreut.de/magazin/tiere/hunde-eis-fuer-den-sommer-995/

Page 79, 4A(2), Longer reading task: Adapted and abridged from *Alles dreht sich* by Rosemarie Eichinger. Available at http://www.amazon.de/Alles-dreht-sich-E-Book-inklusive/dp/3551520496/ref=sr_1_2?s=books&ie=UTF8&qid=1453474889&sr=1-2&keywords=Social+media

Page 80, 4A(3), Longer reading task: Adapted and abridged from http://www.stern.de/gesundheit/1-500-

000-000-menschen-sind-uebergewichtig-die-erde-isst-zu-fett-3668568.html

Page 81, 4A(3), Listening task: Abridged and adapted from http://www.kenn-dein-limit.info/news/artikel/neue-studie-so-viel-trinken-jugendliche-in-deutschland-wirklich.html

Page 88, 4B(2), Longer reading task: Adapted and abridged from *Ich kauf nix!* by Nunu Kaller. Available at http://www.amazon.de/Ich-kauf-nix-Shopping-Di%C3%A4t-gl%C3%BCcklich/dp/346204589X/ref=sr_1_1?s=books&ie=UTF8&qid=1457801659&sr=8-1&keywords=ich+kaufe+online

Page 91, 4B(3), Longer reading task: Adapted from http://www.welt.de/wirtschaft/article139965750/Die-Deutschen-leiden-unter-einer-Wochenend-Neurose.html

Page 101, 5A(1), Longer reading task: Dresden advert adapted from https://www.dresden.de/de/tourismus/buchen/reiseangebote.php

Page 102, 5A(2), Longer reading task: Adapted from *Zombies in Berlin* by Skyla Lane. Available at http://www.amazon.de/Zombies-Berlin-Doppelband-Skyla-Lane/dp/1495490181/ref=asap_bc?ie=UTF8

Page 104, 5A(3), Short reading task: Adapted from http://www.berlin.de/sehenswuerdigkeiten/3560266-3558930-brandenburger-tor.html

Page 104, 5A(3), Longer reading task: Adapted from http://www.rundschau-online.de/ratgeber/reise/-die-besten-sehenswuerdigkeiten-in-deutschland-5600642

Page 110, 5B(1), Short reading task: Adapted from http://www.waldhotel-stuttgart.de/wohnen/

Page 112, 5B(2), Longer reading task: Adapted from *Der Boss* by Moritz Netenjakob. Available at http://www.amazon.de/Der-Boss-Roman-Moritz-Netenjakob/dp/346204544X/ref=pd_sim_14_8?ie=UTF8&dpID=41q3CxCQ8yL&dpSrc=sims&preST=_AC_UL160_SR105%2C160_&refRID=02M62E2DJGW5RXDFWA1B

Page 114, 5B(3), Longer reading task: Adapted from http://www.dw.com/de/die-deutschen-und-der-tourismus/a-17014113

Page 124, 6A(1), Longer reading task: Adapted from http://karrierebibel.de/kuriose-jobs-11-aussergewoehnliche-berufe/

Page 126, 6A(2), Short reading task: Abridged from *Felix und das liebe Geld* by Nikolaus Piper. Available at http://www.amazon.de/Felix-das-liebe-Geld-Reichwerden/dp/3407740794/ref=sr_1_1?s=books&ie=UTF8&qid=1459281333&sr=1-1&keywords=wichtig+geld

Page 127, 6A(2), Listening task: Adapted from https://www.arbeitsgemeinschaft-finanzen.de/soziales/taschengeld-tabelle.php

Page 128, 6A(3), Longer reading task: Adapted from http://www.freiwilligenarbeit.de/freiwilligenarbeit-deutschland.html

Page 132, 6B(1): Adapted from *Was sind meine Stärken?* by Svenja Hofert. Available at http://www.amazon.de/Was-sind-meine-St%C3%A4rken-Entdecke/dp/3869366931/ref=sr_1_2?s=books&ie=UTF8&qid=1461173042&sr=1-2&keywords=St%C3%A4rke

Page 134, 6B(2), Longer reading task: Personality quiz adapted from https://www.petfindu.com/de/blog/quiz-was-fuer-ein-hund-bist-du/

Page 136, 6B(3), Longer reading task: Adapted from https://www.betreut.de/magazin/kinder/top-19-eigenschaften-eines-kinderbetreuers/

Page 144, 7A(1), Longer reading task: Adapted from http://www.handelsblatt.com/unternehmen/handel-konsumgueter/pasta-fleisch-suessigkeiten-das-essen-die-deutschen-am-liebsten/12791986.html

Page 148, 7A(3), Longer reading task: Abridged from *Neue deutsche Küche* by Frank Rosin. Available at http://www.amazon.de/Neue-deutsche-K%C3%BCche-Frank-Rosin/dp/3831024359/ref=sr_1_6?s=books&ie=UTF8&qid=1459780397&sr=1-6&keywords=deutsche+K%C3%BCche

Page 149, 7A(3), Listening task: Adapted from http://kurier.at/lebensart/genuss/oesterreicher-essen-gerne-vor-dem-fernseher/140.046.175

Page 154, 7B(1), Listening task: Adapted from http://www.lasermaxx.at/kinder-nerf-partys/

Page 154, 7B(1), Short reading task: Adapted from http://www.ahoi-party.de/partyschiff/

Page 155, 7B(1), Longer reading task: Adapted from http://www.deutschland-feiert.de/anlass/mottoparty/nerd-brillen-party/

Page 157, 7B(2), Listening task: Organiser Information from http://www.rock-am-ring.com/

Page 158, 7B(3), Short reading task: Adapted from http://www.tagesspiegel.de/weltspiegel/jetzt-aber-schnell-usain-bolt-beim-oktoberfest/8848156.html

Page 158, 7B(3), Longer reading task: Adapted from *Laduma heißt Tooor* by Cathlin Kockel. Available at http://www.amazon.de/Laduma-hei%C3%9Ft-Tooor-Suche-Weltpokal-ebook/dp/B00KRDXRHI/ref=asap_bc?ie=UTF8

Page 159, 7B(3), Listening task: Adapted from http://tuebinger-entenrennen.blogspot.co.uk/p/der-renntag.html

Page 166, 8A(1), Longer reading task: Abridged from *Millionär* von Tommy Jaud. Available at http://www.amazon.de/Million%C3%A4r-Der-Roman-Tommy-Jaud/dp/3596174759/ref=pd_sim_14_10?ie=UTF8&dpID=41GPCO6rD%2BL&dpSrc=sims&preST=_AC_UL160_SR105%2C160_&refRID=1FXZHC9YY4RXRV7CDHEZ

Page 168, 8A(2), Longer reading task: Adapted from http://www.weupcycle.com/mitmachen/

Page 169, 8A(2), Listening task: Adapted from http://www.spiegel.de/wissenschaft/mensch/luftschadstoffe-deutschlands-orte-mit-der-schmutzigsten-luft-a-1030275.html

Page 170–171, 8A(3), Longer reading task: Adapted from http://www.kinderrathaus.de/erneuerbare_energien/

Page 171, 8A(3), Listening task: Adapted from http://www.bild.de/ratgeber/2009/umweltschutz/die-welt-verbessern-umweltschutz-geld-sparen-8360284.bild.html

Page 177, 8B(1), Longer reading task: Adapted from *Obdachlos über Nacht* by Olga Usherova. Available at http://www.amazon.de/Obdachlos-%C3%BCber-Nacht-Olga-Usherova/dp/3848203561/ref=sr_1_15?s=books&ie=UTF8&qid=1459885739&sr=1-15&keywords=obdachlos

Page 178, 8B(2), Listening task: Adapted from http://www.caritas.de/spendeundengagement/engagieren/ehrenamt/ehrenamt

Page 180, 8B(3), Short reading task: Adapted from http://derstandard.at/2000008143252/Volkshilfe-startet-Kampagne-gegen-Kinderarmut

Page 190, 9A(2), Short reading task: Adapted from http://www.fh-dresden.eu/

Page 190, 9A(2), Longer reading task: Adapted from *Das Leben liegt vor uns, Leute!* von Tuija Lehtinen. Available at http://www.amazon.de/Das-Leben-liegt-vor-Leute-ebook/dp/B0050MMP2/ref=sr_1_21?s=books&ie=UTF8&qid=1460220365&sr=1-21&keywords=Interview+nerv%C3%B6s

Page 190, 9A(2), Listening task: Adapted from http://www.welt.de/wirtschaft/karriere/bildung/article144709077/An-dieser-Schule-lernen-Teenie-Stars-unbehelligt.html

Page 193, 9A(3), Longer reading task: Adapted from http://www.stepstone.de/Karriere-Bewerbungstipps/die-10-irrefuehrendsten-fragen-im-bewerbungsgespraech.cfm

Page 197, 9B(1), Longer reading task: Adapted from http://www.spiegel.de/unispiegel/studium/glueckliche-studienabbrecher-vom-hoersaal-in-die-ausbildung-a-896479.html

Page 197, 9B(1), Listening task: Adapted from http://www.berlitz.de/de/braunschweig/

Page 198, 9B(2), Short reading task: Adapted from http://www.sueddeutsche.de/wirtschaft/jugendarbeitslosigkeit-in-europa-deutsche-jugendliche-haben-gute-zukunftschancen-1.1439007

Page 198, 9B(2), Longer reading task: Adapted from http://www.ausgetauscht.de/auslandsjahr.htm

Page 199, 9B(2), Listening task: Adapted from http://www.deutsche-im-ausland.org/arbeiten-im-ausland.html

Page 200, 9B(3), Longer reading task: Adapted from *Morgens 15:30 in Deutschland* by David Werker. Available from https://www.amazon.de/Morgens-15-30-Deutschland-aufgeweckte-Studenten/dp/3468738145

Page 200, 9B(3), Listening task: Adapted from http://www.taz.de/!5039564/

IMAGE CREDITS

TEXTE : GILBERT DELAHAYE
IMAGES : MARCEL MARLIER

martine
découvre la musique

casterman

Voici les vacances. Le papa de Martine a installé sa caravane sur le terrain de camping à la Grande Sapinière.

Martine a retrouvé ses amies Christine et Muriel.

A cette heure de l'après-midi, le camping est désert.

— Que se passe-t-il? demande Christine, au retour de la baignade.

— Papa dit qu'il y a un défilé de fanfares à la ville voisine. Venez-vous avec nous?

— Dépêchez-vous! Nous allons être en retard.

Vite, les bicyclettes et en route pour la fête.

Les curieux se pressent. Ils attendent que le défilé commence. Il en vient de partout: de la ville, des villages voisins, de la campagne. Les trottoirs sont envahis de touristes. Les uns bavardent. Les autres s'impatientent.

Comment trouver une place dans cette foule?

— Venez là, mes enfants, dit une vieille dame. D'ici vous pourrez assister à la parade.

Les cuivres brillent. Une sonnerie résonne. La fête commence.

— Que veut-il, celui-là? demande Patapouf... On dirait qu'il me fait signe.

La fanfare défile. Les tubas et les trombones à coulisse ouvrent la marche. Écoutez les tambours qui battent la mesure, les cymbales qui applaudissent, le carillon qui sonne. (Boum, boum, boum, vous entendez la grosse caisse ?)

Le trompettiste, le joueur de cor, le saxophoniste ont fière allure dans leur costume de fête.

Le cortège s'arrête. C'est la pause. On entoure les musiciens et les majorettes:
— Quel instrument bizarre! Qu'est-ce que c'est?
— C'est un bombardon.
— C'est dangereux? demande Patapouf.
— Pas du tout. En voilà une question!

— Cet entonnoir, c'est pour quoi faire?
— C'est une trompe de chasse.
— Une trompe de chasse!... Pour tirer sur les lapins?
Vraiment Patapouf n'y connait rien en musique.
— Tu me prêtes ton clairon? demande Martine.
— Le clairon, c'est facile. Il suffit de souffler dedans.
— Oui mais, il faut avoir la manière!...

7

... Le violon, c'est mieux. Ou peut-être le violoncelle ?

— Tu aimes vraiment la musique ? demande la monitrice des majorettes.
Ma cousine Isabelle est violoncelliste. Elle joue au concert tout à l'heure.
J'ai deux invitations. Viens avec moi.
Martine arrive au concert comme convenu.

— Où est ta cousine ?

— C'est la fille qui a une robe blanche... Tu la vois ?...

— Chut !... On ne parle pas pendant le concert !

A l'entracte, Martine fait la connaissance d'Isabelle.

— Comment devient-on violoncelliste ?

— Viens donc à la maison mardi, je t'expliquerai. Nous avons le temps. Ce sont les vacances.

— Je veux bien, dit Martine.

— N'oublie pas de prévenir tes parents... C'est d'accord ?

— D'accord. Je les avertirai.

9

Le concert terminé, Martine se dépêche de retourner au camping. Il se fait tard. Finie la fête...

Pas tout à fait. Voici de joyeux accordéonistes qui ne demandent qu'à s'amuser encore un peu.

— Veux-tu que l'on joue la danse des canards?

— Je dois rentrer, dit Martine. C'est l'heure.

— Allons! Ce n'est pas tous les jours la fête.

Papa et Maman, inquiets et fâchés, attendent Martine devant la caravane :
— Tu es en retard. Qu'est-ce qui t'arrive ? Tu es tombée à vélo ?
— Mais non. Tout va bien. J'ai fait la connaissance d'Isabelle.
— Isabelle ?... Qui est-ce ?
— C'est ma nouvelle amie... Je l'ai rencontrée au concert. Elle joue du violoncelle. Elle veut bien m'apprendre... Est-ce que je peux aller chez elle mardi ?
— Tu vas déranger ces gens !
— Mais non. Isabelle est très gentille. Et puis, elle dit que c'est les vacances... Tu veux bien ?...

Le papa de Martine a té-
léphoné chez Isabelle.
C'est le grand-père de la
jeune fille qui a répondu :
— Si nous attendons
Martine ? Bien sûr !
Qu'elle vienne à la mai-
son quand elle veut. Isa-
belle m'a parlé d'elle.
Nous déranger ? Pensez
donc ! Ma petite-fille sera très heureuse de lui donner des conseils...
Papa est d'accord : Martine peut rendre visite à sa nouvelle amie.

— Commençons par un jeu pour voir si tu as de l'oreille, suggère Isabelle.

— Versons de l'eau dans ces verres. Celui-ci à moitié. Celui-là aux trois-quarts. Encore un autre jusque-là.

— Et ensuite ? interroge Martine.

— Fais tinter ce verre-ci... Écoute celui-là... Tu entends la différence ?... Il existe des sons aigus, des graves, des intermédiaires. Les compositeurs transcrivent les sons sur du papier à musique au moyen de signes appelés notes...

Maintenant j'ai une surprise pour toi.

— J'ai commencé à jouer du violoncelle quand j'avais ton âge, dit Isabelle. J'étais très fière quand j'ai reçu mon premier instrument.

— Et qu'en as-tu fait?

— Nous l'avons conservé. Grand-Père disait : «Garde-le. Un jour peut-être tu seras contente de le retrouver.»

— C'est celui-là? demande Martine.

— Oui. Je suis sûre qu'il te conviendra. Il est encore un peu trop grand pour toi. Mais cela devrait aller.

— Je peux l'essayer?

— Bien sûr, mais auparavant, il faut le remettre en état.

— Que fais-tu? dit Martine.

— Je remplace les cordes qui sont cassées. Ensuite je vais accorder l'instrument.

En quelques jours, Isabelle et Martine sont devenues d'excellentes amies.
Martine attend chaque leçon avec impatience.

— Pourquoi fait-on glisser les doigts le long de la touche?

— Cela raccourcit la portée de la corde. Selon la position des doigts, on
obtient les différentes notes.

— J'aimerais bien jouer quelque chose.

— Essaie donc d'exécuter une gamme correctement en pinçant les
cordes. Tu entends comme elles vibrent?... Recommence. Exerce-toi...
La prochaine fois je t'apprendrai comment tu dois tenir ton archet.

Deux, trois fois par semaine, Martine se rend chez son amie. Elle apprend des tas de choses.

— Fais glisser ton archet sur les cordes.

— Oh là, là, ça grince !...

— Ne sois donc pas si raide. Détends-toi !

Martine déchiffre encore avec peine une partition. Pas facile ! Les notes courent sur la portée comme des mouches. L'archet, les doigts, la mesure, quel casse-tête ! Voici deux semaines qu'elle s'exerce avec application.

Cette nuit-là, tout le monde dort dans la caravane et Martine fait un rêve étrange. Elle joue du violoncelle devant un paysage de montagnes. Martine éprouve une sensation merveilleuse.

Soudain, un doigt se place de travers sur la touche. Une corde pleure. C'est la fausse note.

— Hou! Hou! Mauvais!... Mauvais!...

fait Patapouf.

Le lendemain, Martine arrive chez Isabelle l'air préoccupé.

— Quelque chose ne marche pas ?... Raconte-moi.

— Je crois que je n'arriverai jamais à jouer du violoncelle. C'est trop difficile. Cela me donne des cauchemars.

— Mais non ! Ne te laisse pas décourager par un mauvais rêve. Au début ce n'est pas facile. Il faut de la patience.

— Allons, dit Grand-Père, venez goûter.

Les jours passent. Quand le temps est beau, on s'installe au jardin. Isabelle a raison : Martine fait des progrès. Grand-Père est du même avis. Pourtant, quelque chose chiffonne Martine : la fin des vacances approche.

— Pourquoi te tracasser ainsi ? s'inquiète Isabelle.

— Je ne serai jamais violoncelliste, répond Martine. Les vacances ont été trop courtes ; je ne suis encore nulle part et Papa ne voudra pas que je m'inscrive au conservatoire.

— Pourquoi pas ?... Il doit y avoir une solution. Je vais en parler à Grand-Père. Il a toujours d'excellentes idées.

Grand-Père décide d'aller voir le papa de Martine.

Lorsque Grand-Père arrive au terrain de camping, Papa est déjà en train de préparer la voiture pour le retour des vacances.

Il invite le vieux monsieur à discuter dans la caravane. Papa et Maman l'interrogent sur les progrès de Martine.

— Justement je viens à ce propos. Martine a des dons pour le violoncelle.

— ...

— Si, si. Croyez-moi. Ce serait dommage qu'elle ne continue pas. Pourquoi n'irait-elle pas au conservatoire à la rentrée ?

— Le conservatoire soit !... Mais le violoncelle ?

— Pour le violoncelle, nous allons arranger cela.

Grand-Père, à son retour, annonce :
— Pour le conservatoire, ton papa est d'accord, Martine.
— Oui mais, comment faire sans violoncelle ?
— Je te prêterai celui-ci le temps qu'il faudra, propose Isabelle. Il est bien trop petit pour moi... Si tu n'acceptes pas, cela me fera de la peine.
— Oh ! merci, dit Martine en rougissant de plaisir.
Ainsi se terminent les leçons de violon-
celle... et les vacances !
— On se reverra, n'est-ce pas Isabelle ?
— Bien sûr, Martine. On se reverra.

Imprimé en Belgique par Casterman, s.a., Tournai. Dépôt légal : octobre 1985 ; D. 1985/0053/236.
Déposé au Ministère de la Justice, Paris (loi n° 49.956 du 16 juillet 1949 sur les publications destinées à la jeunesse).